岡田タイガース
最強の秘密

吉田義男　田淵幸一
江本孟紀　掛布雅之
金村曉　赤星憲広
改発博明

宝島社新書

かつて岡田彰布は、
再びユニフォームを着る前に
こう書いた――。

何がなんでも勝つ！
岡田彰布

2017年、岡田彰布氏が評論家時代に阪神タイガースに送った自筆の檄文。
2023年、自身が監督となってそれを実践し、ついに日本一を成し遂げた。

80
FUJIMOTO
74
37
53
69

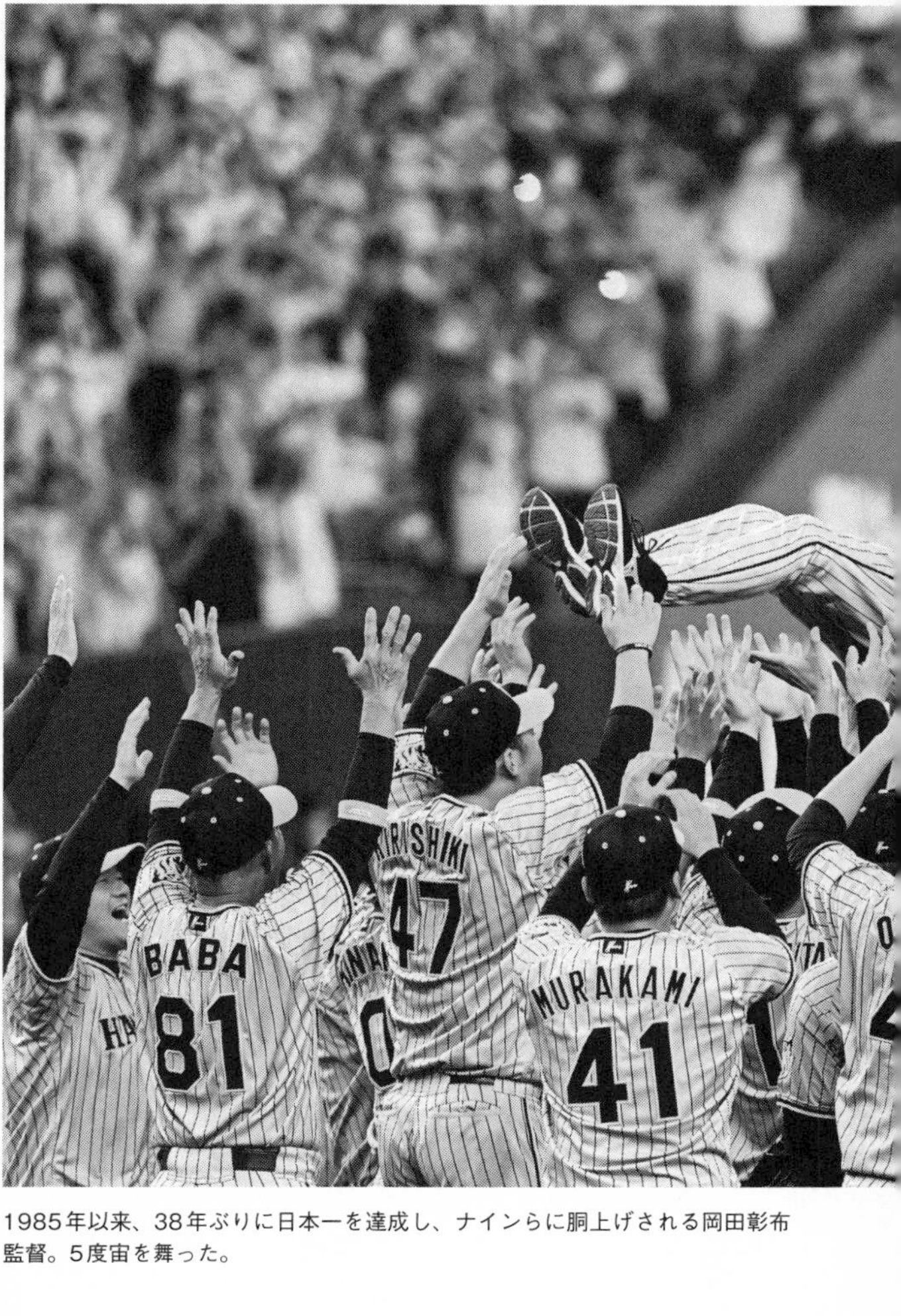

1985年以来、38年ぶりに日本一を達成し、ナインらに胴上げされる岡田彰布監督。5度宙を舞った。

目次

第1章

なぜ木浪聖也が8番なのか
――打撃論

掛布雅之 Masayuki Kakefu

1955年5月9日生まれ、千葉県出身。習志野高校を経て、73年にドラフト6位で阪神タイガース入団。79、82、84年本塁打王、82年打点王、オールスターゲーム10度出場。通算成績は1625試合出場で打率.292、349本塁打、1019打点。2013年オフから阪神球団の現場要職を務め、現在は野球解説者として活躍。

守る野球への意識

阪神タイガースファンのみなさん、リーグ優勝、そして日本一おめでとうございます。私もOBの1人として非常に喜ばしく、そして優勝の味を懐かしく感じています。

私は解説者としてシーズン開幕前には毎年、リーグの順位予想をします。今年は久しぶりに、優勝チームを阪神と予想していました。秋季キャンプで中野拓夢選手を遊撃手から二塁手へコンバートするチーム方針に少し不安がありましたが、岡田彰布監督からは「守る野球への意識」を強く感じました。春季キャンプ、オープン戦を見ていると、中野選手の二塁がチームにフィットしていました。投手力は昨季もリーグで唯一、防御率2点台と安定している。守る形をつくろうとしているチームの方向性をみて、今季は投手を中心に守り勝つ野球ができると思ったからです。

選手が疑問を持たない岡田采配

まず、チームの勝ち星は投手を含めた守備で計算していきます。先発ローテーションの顔ぶれを見て、シーズンでどのくらい勝てるかを考えていきます。どんなに強力な打線を誇るチームでも、本塁打を30本打てる打者、安打を150本打てる打者がいるからといって、15勝できるなどと計算しません。開幕前の阪神の先発陣を見ると、2021年、22年に2年連続で最多勝のタイトルを獲得した青柳晃洋投手、1年間ローテーションを守った実績がある西勇輝投手がいます。さらに、過去2年間ローテーションに入っている伊藤将司投手がいて、才木浩人投手が復調し、西純矢投手も調子が良かった。試合終盤を任せる存在にも湯浅京己投手と岩崎優投手、左右で安定感のある投手がいます。投手の層が厚く、守りの野球という点ではリーグナンバーワンと判断して、阪神の優勝を予想しました。

ただ、ここまでの独走は想定外でした。他球団にケガ人が出たり、チームのバランスを崩したりしたことが要因です。阪神は近本光司選手が死球で欠場した試合はあったものの、長期離脱はしませんでした。調子を崩して1軍を離れた選手はいましたが、主力のケガ人が少なかったため、阪神は計算通りにシーズンを戦うことができた。しかも、大竹耕太郎投手と村上頌樹投手の2人が2桁勝利をマークするという、想像以上の役割を果たしたと思います。

私が最下位の予想をしていた広島東洋カープは、シーズンを盛り上げる戦いを見せてくれました。7月には10連勝で一時は首位に浮上しましたが、時期が早かったので、どこかで反動が来ると思っていました。とくに、広島は選手総動員で戦っているチームなので、疲れがたまるシーズン終盤に息切れするだろうと。

読売ジャイアンツはケガなく選手がそろったら怖いチームではあるものの、なかなかベストな布陣で戦える時期がありませんでした。ただ、シーズンを終えて阪神の戦いを振り返ってみると、他球団に故障者が出なくても、優勝チームは阪神で変わらなかったのかなと思っています。

岡田監督は選手の適性を見極めた起用や投手交代のタイミングが光りました。ある意味、特別なことをしない采配に特徴があると思っています。ベンチが選手を動かし、当たり前のことをきっちりこなしていく試合の進め方。岡田監督自身も開幕前から「特別なことはしない」と繰り返し言っていました。犠打やエンドランなどのサインを出すタイミングがオーソドックスで、プレーする選手も次の動きを想定しているため、ミスが少なくなります。

岡田監督は犠打のサインを出す打順を2、7、8、9番と決めていました。近本選手、森下翔太選手、大山悠輔選手、佐藤輝明選手、ノイジー選手は今季1つも犠打を記録していません。阪神の選手たちはベンチの考えに「なぜ？」と疑問を感じることがないわけです。ベンチと選手の考え方がイコールになっていました。当たり前の戦術を確実に進める采配と選手に「なぜ？」を感じさせないチームづくりは、1985年に優勝したときに阪神を指揮した吉田義男監督と似ています。

優勝を確信した「木浪への申告敬遠」

私には今季、忘れられない場面があります。5月12日、阪神は甲子園でDeNAと対戦しました。先発投手は青柳投手と今永昇太投手。DeNAは1－0とリードしていた2回裏の守備で、2死二塁から阪神の8番・木浪聖也選手を申告敬遠しました。たしかに、木浪選手は開幕から絶好調で、当時は打率3割7分をマークしていました。ただ、まだシーズンは始まったばかり。試合も序盤で相手は8番打者、マウンドには日本を代表する今永投手が立っているわけです。

今季、阪神にとって最大のライバルは横浜ＤｅＮＡベイスターズになると予想していました。しかし、この申告敬遠を見たとき、阪神を過剰に警戒しているＤｅＮＡの優勝は難しいかもしれないと感じました。結局、木浪選手を歩かせて一、二塁としたあと、今永投手は決して打撃が得意ではない9番・青柳投手に三塁線を抜かれる二塁打を許して逆転され、この回さらに2点を失った。青柳投手の二塁打は2年ぶり。マウンド上で首をかしげる今永選手が印象的でした。

今永投手は木浪選手の申告敬遠に対して「なぜ？」という気持ちがあったはずです。ＤｅＮＡは選手の考えとベンチの狙いにギャップがありました。そこに、阪神との違いを感じたわけです。このシーンが今季で最も記憶に残っていて、リーグ優勝を決めた試合よりも鮮明に覚えています。この試合を見て、阪神がＤｅＮＡに大きく負け越すことはないだろうと思いました。

独走の要因は投打の四球

今季の阪神は独走して優勝を決めました。圧倒的な強さというよりも、粘りがあって負けない強さがありました。これが、優勝の大きな要因だと思っています。四球の数は、その象徴といえます。打者は四球を数多く選び、投手は与える四球が少なかった。攻撃では四球を選んで得点につなげ、守備では四球で無駄な走者を出さずに失点を防いだわけです。

阪神打線が選んだ四球の数は494個でリーグ最多。2番目に多かった東京ヤクルトスワローズは447個、最も少ない中日ドラゴンズは306個と、阪神は他球団に差をつけました。リーグ3番目だった昨季の358個から、136個も増えています。1試合に約1個、つまり昨季より走者を1人多く出している計算になります。四球は安打と同じように出塁できるだけではなく、投手に球数を多く投げさせるため、与えるダメージを大きくできる。

四球が増えたことで得点数も増加しました。チーム打率2割4分7厘はDeNAと並んでリーグ2番目でしたが、総得点は555でトップ。昨季より66点も増えたのです。

なぜ、阪神打線は四球が増えたのか。理由は岡田監督の方針にあるでしょう。良い悪いは別として、見逃し三振を嫌う指導者のもとでプレーする打者は、早いカウントからスイングします。見逃し三振で怒られることを避けるためです。

岡田監督は見逃し三振を嫌がらないタイプだと思います。選手たちには「実家のお父さんやお母さんがテレビで試合を観戦しているのに、1球で画面から消えたらさびしいやろ。もっと長いこと打席にいろよ」と言ったそうです。選手を安心させるユーモアのある言葉ですよね。

それから、岡田監督は開幕直前、球団のフロントに四球の査定を上げるように要望しています。四球は安打と同じだけの価値があると訴え、四球のポイントが1・2倍に上がりました。監督が四球の重要性を打ち出してフロントまで動かせば、四球に対する選手の意識は変わります。

一方、投手が与えた四球は315個でリーグ最少でした。リーグ最少失点で唯一のチーム防御率2点台と投手陣が安定した結果を残せた要因は、四球の少なさだと考えています。四球が少ない阪神の先発投手は5回までの球数が80球ほどであることに対し、相手チームの先発は100球近くなる試合が目立ちました。球数が1イニング分も違うわけです。イニングが6、7回に入ると、打者は3回り目に入って目が慣れてきます。そのとき、80球しか投げていない投手は余力があるためギアを上げられます。しかし、100球を超えた投手は球威が落ちていますし、ギアを上げようとすると力んでしまいます。

先発投手が7回まで投げきることができれば、信頼を置く中継ぎに8回、9回を任せられるので、勝利の確率は上がるものです。どのチームも、8回と9回に登板する投手と比べ、6回と7回に起用される投手の力は落ちる傾向にあります。しかし、最近の野球は6回、7回が勝負になる。ベンチの理想は先発投手に7回まで投げてほしい。阪神の場合は先発投手が7回まで投げられるだけではなく、6回と7回に登板する投手陣も力がありました。先発投手の球数が増えて疲れが見えたら、ベンチは迷わず中継ぎを投入できる強みがあったのです。

四球に関しては、とくに4番の大山選手が立派。99個の四球を選び、出塁率4割

3厘で最高出塁率のタイトルを獲得しました。本当に、よく我慢したと思います。大山選手が四球を選んで後ろにつないだからこそ、5番に座る機会が多かった佐藤選手がチーム最多となる92打点をマークできた。大山選手は本塁打や打点といった個人成績にこだわりたい気持ちを抑えて、4番としてチームの勝利を考え抜いた1年だったと思います。

王貞治さんの教えに通ずる大山選手の「我慢」と「選球眼」

大山選手は今季、自己最高の打率2割8分8厘でリーグ6位に入りました。打率を残すことができた理由は、99個の四球にあります。打率を落とさなかった根拠が「四球が支えたから」であると気づいたことは、来年以降の打撃につながります。もうひと回り大きくなると期待できる、最高出塁率のタイトルと99個の四球でした。

そのうえで、大山選手にひとつ注文をつけるとすれば、失投に対するミスショットを減らすこと。あれだけ球を見極められたのであれば、甘い球を仕留める確率を上げることで本塁打の数を増やせます。今季の打席内容からも、大山選手は本塁打を30本打つ形が見えてきているはずです。

本塁打の数を増やすには四球は必要なく、バットを振る回数を増やすことが近道に感じるかもしれません。私もプロに入ったばかりのころは、そう思っていました。しかし、1979年に初めて本塁打王になったとき、王貞治さんから、こう言われました。

「バットを数多く振っても、本塁打は増えない。必要なのは本塁打を打てる球を待つ我慢、球の見極め、本塁打を打てる球が来たときにバットを振る勇気と仕留める技術なんだよ」

むやみにスイングしても本塁打の数を増やせるわけではなく、我慢、選球眼、勇気、技術が必要だとアドバイスされたのです。

今季の大山選手を見ると、我慢と選球眼は身についています。あとは、打つべき球をスイングするまでのアプローチに改善点があるのか、失投を捉える技術を磨く必要があるのかを考えて、来季に臨んでほしいと思います。そうすれば、4番打者として今季以上の役割や存在感を果たせるはずです。

大山選手は昨季、開幕戦の打順は7番でした。昨年のオフにインタビューしたときは、「開幕は本当に悔しい思いをした」「開幕スタメンはないかもしれないというくらいに追い込まれていた」と話していました。開幕直前の1週間は、オープン戦で先発ローテーションに入る投手が最後の調整登板をします。その時期に大山選手はスタメンに入れなかったため、開幕スタメンを外れる覚悟をしていたそうです。昨季は、打順も守備位置も固定されませんでした。

それでも、大山選手は自分がやるべき仕事を貫き、我慢を続けました。私なら、同じようにできなかったかもしれないと思うくらい、苦しい日々だったはず。その悔しさや経験は、今季に生きています。

5番の佐藤選手の状態が上がらないときでも、大山選手は我慢していました。これは昨季、4番を助ける役割の5番を経験した部分が大きいと思います。

4番打者は3番を助けるというよりも、チームを勝たせる選択をすると考えられるようになったのも大山選手の成長です。3番に座ったプロ1年目の森下選手に「後ろに俺がいるから、好きに打っていいよ」と伝えたそうです。

4番はチームの負の部分を背負う役割がある。大山選手は責任を背負う覚悟を持ち、真の4番になりました。昨季の苦労は無駄な時間ではなかったわけです。優勝を決めたときに大山選手が流した涙には、我慢や重圧から解放され、4番としてチームを優勝に導くことができた安心感と喜びが詰まっていたと思います。

岡田監督は、打撃だけを考えれば4番打者は佐藤選手でも良かったと話していました。でも、監督としてチームに入ったとき、大山選手の周りにチームメートが集まっている様子を見て、「4番は大山しかいない。大山を4番から外さない」と決めたそうです。

選手たちは見ていないようで、野球に取り組む姿勢をしっかりと見ています。プレー以外の面でも、大山選手はチームメートや首脳陣の信頼を得ていました。

追い込まれたときの「打撃論」

チームの中心選手は試合で結果を出すだけでは不十分で、準備が重要です。最近はデータや練習環境が整っているので、球場ですべての準備を終えられます。朝早く球場に来てデータの確認やトレーニングをして、試合後に翌日の準備ができます。私たちの時代は今のような室内練習場もなかったので、球場で完結しませんでした。

そのため、私は自宅で素振りに時間をかけ、ランニングやウエートトレーニングもしていました。ほかの選手には私の準備が目に見えませんが、グラウンドでの動きを見れば、球場以外で練習していたことがわかっていたと思います。

私は一番遅く球場に来て、一番早く帰っていました。4番打者が球場に残っていると若い選手は帰りづらいですし、私が早く球場に到着すれば、それよりも早く球場に入ろうとしてしまいます。球場の滞在時間は、できるだけ短くしていました。

練習する姿を見せたくなかった理由は、マスコミに対する言い訳になると感じた部分もあります。「掛布は一生懸命練習しているのに結果が出ない」と記者の方々が私に同情すれば、ペンは甘くなります。私は「ダメなときはダメ」と批判されることも、4番の仕事と考えていました。必死に練習する姿を隠さないのはキャンプのときだけでしたね。キャンプだけはユニフォームを泥だらけにして、新人のような気持ちですべてをさらけ出して練習をしていました。

私の4番としての意識や本塁打への考え方は、先ほど記した王貞治さんの言葉で変わりました。四球の重要性を学んだわけですが、もともと初球からスイングせずに待つタイプだった部分もあります。初球で凡打になってしまうと、もったいないという考えがありましたし、ストライクを1球取られても大丈夫という気持ちもありました。

2ストライクになると打者が追い込まれていると捉えがちですが、実は投手のほうが精神的に追い込まれる場合もあります。打者に対して投じる球数が増えていけば、打者は目にする投球が増えるので対応しやすくなります。投手は何を投げればいいのか迷い、投げる球がなくなっていきます。結果的にカウントが追い込まれたほうが、打者は投球を絞りやすくなる面があるわけです。

たとえば、1打席で5球勝負になったとします。打者は初球から4球を目にしているので、5球目にバッテリーが何を選ぶのか、初球よりも狙いを定めやすくなります。打率は3割で好打者といわれるくらい確率が低いものなので、打てるとは限りません。それでも、投手は怖さを感じます。気持ちの余裕がなくなれば失投につながる可能性が高くなります。3球続けて同じ球が来るケースはほとんどありませんし、もし投げられたら反応して打ち返せます。

追い込まれたほうが、球を絞って打つ確率を上げられるという考え方もあります。個人的に、そういう勝負が好きだったのかもしれません。

相手にプレッシャーを与えるのがプロの4番

私はチームが強いときも弱いときも、4番を務めてきました。周りには「わがまま」と言われたこともありました。本塁打を狙った打席や、相手チームの4番やエースを意識した打撃があったからです。長年野球をやっていると、自分のチームの力と相手チームの力の差はわかります。

もちろん、勝利をあきらめることはありませんが、戦力的に勝つのは難しいと感じたときに4番として本塁打を狙う打撃がわがままなのかと悩んだ時期もありました。リーグ優勝するチームでも、勝率が5割台のシーズンはたくさんあります。長いペナントレースでは大敗する試合もあります。だから、10点差で負けていて試合終盤で打席が回ってきたとき、球場に来てくれたファンやテレビ観戦してくれるファンが期待している本塁打を狙うことはわがままではないと思っていました。

プロ野球はファンがいなければ成り立ちません。私はファンの存在を強く意識してきました。ファンを一番喜ばせる結果は優勝です。とにかく優勝したい。個人タイトルも目指す部分ではありますが、私は優勝に飢えていました。

四球でも進塁打でも、チームの勝利につながる打席を1つでも増やそうと考えていました。そのなかで、4番打者としての立ち居振る舞いが難しい場面もあります。マウンドに相手チームのエースが立っていれば、試合を決める1本を打ちたいというプライドがあります。仮に大差で負けていても、一矢報いる打撃を見せるのが4番の役割だと思っていました。相手の主砲、とくに広島の山本浩二さんや巨人の原辰徳監督のような〝強い4番〟が本塁打を放ったときは、「必ず打ち返す」「負けていられない」という気持ちが湧き上がりました。

私はアマチュアとプロには違いがあると考えています。アマチュアはすべてにおいて、チームの勝利につながる野球をやる必要があります。一方、プロは時に個人の野球をやってもいい場面があると感じています。プロ野球は1年間の成績で優勝を争う。今季独走した阪神でも50敗以上している。そうすると、負け方も重要になるわけです。4番としてチームを勝利に導く一発を打てれば最高ですが、負ける試合でも相手バッテリーにプレッシャーを与える4番でありたいと考えていました。

それから、4番が打たないと勝てないと思ったことは一度もありません。ほかの選手が活躍すれば、4番が無安打でもチームは勝てます。4番が打てば試合に勝つ確率が高くなるという話です。

前門のバース、後門の岡田。85年は「つなぐ意識」だった

85年にリーグ優勝したとき、後ろを打つ5番の岡田監督の状態が良かったので、私は自分で勝負を決めようとするよりも、つなぐ意識を持っていました。5番の調子によって、打席に臨む4番の心境は変わります。同じ2死一、二塁でも、5番が不調なら自分で走者を還さないといけないと考えますし、5番が好調なら無理せずにつないで四球でも構わないと切り替えます。

実際、85年は私の出塁が得点につながっていたため、仕掛けを遅くする打席も多かったです。当時は130試合でしたが、四球を94個記録しています。当時、岡田監督はキャリアハイの101打点をマークしたので、私は我慢した甲斐がありました。

あの年は、スロースターターのバースが4月後半から調子を上げていました。私の前後に座る3番と5番が好調だったわけです。私は我慢して四球を選ぶと同時に、失投を逃さない意識を強く持っていました。打率が低く、本塁打も少なければ、相手チームは当然バースとの勝負を避けます。そうならないためには、本塁打を30～40本打てる強い4番である必要がありました。4番として、本塁打と四球を両立させる打撃を追い求めた。結果的には打率3割、本塁打40本をクリアし、出塁率も4割を超えました。

15年の現役生活で最も大変だったシーズンを聞かれれば、85年と迷わずに答えます。我慢しながら強い4番であり続けた1年間は、ケガで欠場したり納得のいく数字を残せなかったりしたシーズンよりもずっと苦しかった。ただ、三冠王に輝いたバースからかけられた「掛布が後ろにいたから私は三冠王を獲れた。ありがとう。誰が何と言おうと、お前がミスター・タイガースだ」という言葉は、苦労を忘れさせてくれました。バースは、私の気持ちを理解してくれる選手でした。

8番に木浪選手を固定した岡田監督の意図

当時の阪神打線はクリーンアップ以外にも選手に恵まれていました。それは、今年の阪神も同じです。そして、個の力に加えて、チームの戦術を理解してプレーしていました。

1番・近本選手はもともと仕掛けが早い選手ですが、今季は早打ちする場面が大幅に減りました。近本選手の仕掛けが遅くなることで、2番・中野選手の選択肢が増えます。初球から早く仕掛けることも、間をつくることもできるわけです。1、2番がうまく機能したのは、近本選手が仕掛けを遅くして中野選手につないだことが大きな要因です。その結果、中野選手は最多安打のタイトルを手にし、2人とも四球が大幅に増えています。センターラインを中心とした野球を掲げた岡田監督にとって、二塁手に中野選手を固定して柱ができたのは、すごく大きかったと思います。中野選手もほかの選手が入り込む余地がないくらいの数字を残し、自信をつけた1年だったのではないでしょうか。コンバートされた守備位置でフルイニング出場を果たし、近本選手の盗塁をアシストしたり、進塁打を求められたりする2番打者で、最多安打のタイトル獲得は非常に立派です。

8番の木浪選手も打線で重要な役割を担いました。岡田監督の新しい打線の考え方。岡田監督が指揮して優勝した2005年のJFK（ジェフ・ウィリアムス投手、藤川球児投手、久保田智之投手）の3人による必勝パターンをつくったときのような新しさがありました。シーズン序盤に木浪選手が絶好調だったときも、岡田監督は打順を変えませんでした。8番打者に意図があったからです。

打順は一般的に、1番から始まるイニングで得点できる確率を高くする並びを考えます。初回は1番打者から始まりますが、2回以降は1番から始まるイニングをできるだけ多くつくりたいわけです。そうなると、8番打者が出塁できるかどうかは、打順の巡り合わせを大きく左右します。セ・リーグは基本的に9番に投手を入れるので、2死から8番打者が出塁して投手に打順を回せば、投手がアウトになっても、次のイニングは1番からの攻撃になります。試合終盤になって木浪選手の前に走者が出れば、木浪選手に犠打のサインを出して、9番の投手のところで代打を送ることができます。シーズンを通して木浪選手を8番に固定した理由は、岡田監督が打順の巡りを大切にしたからです。

選手の特徴を生かしきった指揮官

木浪選手は試合終盤で犠打を決めると、うれしそうな顔をしてベンチに戻っていました。得点圏に走者を進めて代打につないだり、1番・近本選手や2番・中野選手に回したりすれば、得点になる可能性が高いことがわかっているので、チームに貢献できるやりがいや楽しさを感じていたのだと思います。

犠打は自己犠牲と表現されますが、成功すれば自分のためにもなります。100打席で安打を30本放てば打率は3割になりますが、同じ100打席で安打数が27本でも打率を3割にする方法があります。打数に入らない四球や犠打を合計10個マークすれば90打数27安打となり、100打数30安打と同じ打率3割になります。犠打を決めれば打率をキープできると、木浪選手も考えていたのではないでしょうか。

喜んで犠打をするということは、「犠牲」という感覚がないからです。チームの勝利につながり、個人成績の面でもプラスになる犠打は決して自己犠牲ではない。そういう雰囲気をつくっていたところに、岡田監督をはじめとする阪神首脳陣のすばらしさがあります。

シーズン中に巨人の原監督と話したときも、「今年は1番、2番、8番にやられました」と木浪選手の名前を挙げていました。クリーンアップが打つことは想定していますが、木浪選手から打線の上位に回って失点するのはダメージがあると言っていました。阪神は、8番打者が起点になって点数を取る野球を1年間やり続けたのです。

岡田監督が選手の特長を生かす起用法は、捕手にも表れていました。シーズン前は「今年は梅野」と、梅野隆太郎選手を1年間固定する方針を示していましたが、坂本誠志郎選手を経験の浅い投手と組ませるなどバランスよく起用していました。

2人はスタイルが違い、梅野選手は積極果敢なタイプで、坂本選手は一歩引いて俯瞰《ふかん》でプレーできるタイプです。岡田監督は2人の性格を把握して、どちらの気持ちも切らさないようにしていました。

8月中旬には梅野選手をケガで欠いたわけですが、坂本選手をシーズン序盤から起用していなければ、チームに不安や動揺が広がっていたかもしれません。1年を通した捕手の使い方も岡田監督のファインプレーでした。

チーム一丸で戦い、つかんだ優勝

岡田監督がベンチで笑顔を見せる場面が増えたのも印象的でした。若いコーチ陣が岡田監督をサポートしていたと思いますが、とくに平田勝男ヘッドコーチの存在が大きかったのではないでしょうか。

平田ヘッドは岡田監督の2学年下で、現役時代は二遊間を組んでいました。引退後は「厳しく楽しい指導」をモットーに長年、指導者として阪神のユニフォームを着ています。大きな声で選手を鼓舞するムードメーカーにもなっています。岡田監督が阪神の指揮官を務めるのは15年ぶりで、ブランクがありました。その間のチームを知っている平田ヘッドは心強い存在だったはずです。

ベンチの雰囲気にも変化を感じました。選手たちが1本の安打でワイワイ喜ばず、9回まで見据えた緊張感がありました。1本の安打で一喜一憂していたら9回まで戦えません。必要以上に喜ばない阪神のベンチはスキのなさを感じさせました。

野球人としての岡田監督は慎重なタイプで、そのなかに大胆さがあるというイメージです。今季は犠打や進塁打で1点を確実に取りにいく野球をしていました。むやみやたらに足を使うのではなく、相手が走られたら嫌な場面で仕掛けていました。近年は日本の野球もデータ分析の技術が上がり、投球も打撃も守備もさまざまな要素が目に見えるようになりました。私たちの時代と比べて、個々の感性で勝負する部分が減っていると感じます。

情報やデータは選手間でも選手と首脳陣の間でも共有できます。ベンチの考え方は昔より、はるかにレベルが高くなっています。それだけに、ベンチの判断が勝敗を左右するケースも増えていると思います。今は、グラウンドだけで戦う時代ではありません。阪神に限らず、データ収集や分析を専門にする裏方さんの役割も大きくなっています。優勝できたのは、球団全体で戦いに勝ったからだといえます。

リーグ優勝を決めた甲子園での巨人戦も、チーム一丸で戦った1年だったと感じさせる試合でした。私は甲子園で解説していましたが、2点リードの9回に守護神・岩崎投手が登場したとき、ゆずの『栄光の架橋』が流れてきました。私が「あれ？岩崎の登場曲は？」と思っていたら、アナウンサーが「これは、7月に亡くなった横田慎太郎選手の登場曲ですね」と説明していました。岩崎投手と横田選手は同期入団です。岡田監督のあとに胴上げされた岩崎投手が、背番号24の横田選手のユニフォームを手にしながら宙に舞っていた姿を見たとき、このチームは一丸となって戦っていたのだなと強く感じました。横田選手と同期入団した岩崎投手、岩貞祐太投手、梅野選手の3人は天国の横田選手に「優勝を報告したい」「胸を張れるプレーをしたい」という気持ちが強かったはずです。悲しみを力に変えていました。

開幕カードのDeNA撃破の要因は「ストライクの見極め」

今季の戦いを見て、1985年のリーグ優勝と重なる部分がたくさんありました。スタートダッシュの成功も、そのひとつです。今季の阪神は開幕カードのDeNA戦に3連勝しました。昨季、阪神はDeNAに9勝16敗と負け越していました。チームの戦力を見ても、阪神が優勝するうえで最大のライバルとなるのはDeNAだと個人的には思っていました。

岡田監督とは年が明けてから三度対談しましたが、「守り勝つ野球」の徹底を繰り返し口にしていました。そして、2点台だった昨季のチーム防御率を考えると、「攻撃で3点取れば勝てる計算になる。できれば1試合で4点ほしい」と話していました。安打や本塁打だけで4点取るのは簡単ではありません。岡田監督は四球の重要性を高め、犠打や進塁打を絡めて1点を取りにいく考えをチームに植えつけました。

私は開幕カードに関して、カギは勝敗に加えて打線だと思っていました。1－0の投手戦を制する試合はしびれますが、点数を取って勝つとチームに勢いが出ます。

この3連戦に阪神は全試合で6得点して勝利を収めました。ワールド・ベースボール・クラシック（WBC）に出場して調整が必要だった今永投手が先発しなかったことが、阪神にとっては追い風になった面もあります。

阪神は開幕3連戦で計16個の四球を選んでいます。当時は、DeNAの投手陣がストライクを取ることに苦労しているためなのか、阪神打線がストライクとボールの見極めができているからなのか、判断できない部分がありました。

ただ、シーズンを通じた阪神の戦い方を見れば、後者が答えだったとわかります。チームの四球は大幅に増え、得点も1試合平均3・9点でリーグトップ。岡田監督が目標にしていた4点に迫る数字を残しました。開幕カードで貯金が3つできたことで、岡田監督はすごく楽にペナントレースを戦えたと思いますし、試合内容にも手応えを得たはずです。投手陣の顔ぶれを考えれば、大きな連敗は考えにくいですから。この3連勝があって、昨季大きく負け越したDeNAにも13勝12敗と勝ち越しました。

85年を彷彿《ほうふつ》とさせる今季の開幕ダッシュ

打線がチームを勢いづけてスタートダッシュに成功したのは85年も同じでした。この年の春季キャンプで真弓明信さんが口にした言葉が忘れられません。

「今年は勝てるだろ」

前年に池田親興《ちかふさ》や中西清起《きよおき》がプロ1年目からチームの戦力となって投手層が厚くなり、打線は30歳前後の選手が中心を担っていました。真弓さんは他球団と戦力を比べ、阪神が優勝できると自信を持っていました。そのとき、私はこう答えたことを覚えています。

「バースが、どの時期にエンジンがかかるか次第ではないですか?」

バースは最終的にはすばらしい数字を残しますが、例年はエンジンのかかりが遅いタイプ。バースが春先から調子を上げて開幕から貯金をつくることができれば、真弓さんの言う通り優勝できるかもしれないと思っていました。

広島との開幕戦。チームはサヨナラ負けを喫しました。バースと私の2人で合計5三振くらいした記憶があります。試合後、帰りのバスの中で私は真弓さんに、「今年も優勝は難しいですかね」と話した記憶があります。翌日の試合は勝利して、広島との開幕カードは1勝1敗。次のカードが甲子園での巨人3連戦でした。

当時はペナントレースの始まりが遅く、センバツ高校野球も終わっていたので甲子園で試合ができました。

この3連戦の2戦目に「バックスクリーン3連発」が飛び出すわけですが、リーグ優勝の流れを決めたポイントは初戦にありました。初戦は0－2で負けていた4回2死から私がシーズン1号のソロを放ち、5番の岡田監督が四球で出塁しました。続く佐野仙好《のりよし》さんの打球は左方向への飛球。誰もが3アウトチェンジだと思いましたが、巨人の遊撃手が落球します。一塁走者の岡田監督は全力疾走を怠らず一気にホームまで走って同点に追いつきました。動揺する巨人に畳みかけ、このイニングに一挙7点を奪い、10－2で勝利を挙げました。

2戦目も巨人にリードされる展開でした。しかし、2点を追う7回、2死一、二塁からバースがバックスクリーンへ逆転3ラン。これがバースのシーズン第1号でした。バースが4月に本塁打を打ったところを見た記憶がほとんどなかったこともあり、ベンチは大騒ぎし、本人も大興奮していました。

「バックスクリーン3連発」、完璧だった岡田監督の3発目

そして、球場の阪神ファンがバースの一発に酔いしれているなかで、私の打席です。ここで、2つの選択肢がありました。1つはバースがつくった雰囲気で球場全体が包まれているうちに、マウンド上にいる巨人の槙原寛己投手と勝負する方法。もう1つは、私と槙原投手の勝負に注目が集まるまで球場の雰囲気が落ち着くのを待つ方法。つまり、仕掛けを早くするのか、じっくり待つのかという2つの選択肢です。

私は「掛布VS槙原」の雰囲気を整えてから打つ方法を選びました。そのほうが安打や本塁打を放ったとき、槙原投手に与えるダメージが大きいと考えたからです。

そこで、じっくりと時間を使って打席に入り、勝負を急がないようにしました。初球は変化球を見逃してストライク。2球目はボール。3球目に来た高めの直球をスタンドへ運びました。

「バックスクリーン3連発」と表現されますが、実は私の打球はバックスクリーンの少し左翼側へ外れています。正確には「中堅方向への3連発」ということになります。ホームインしたときに、バースが自分の本塁打と同じくらい喜んでくれました。

球場が大歓声で沸くなか、打席には岡田監督が入ります。初球を見逃して、1ストライクからの2球目。外角のスライダーを完璧に捉えました。正真正銘のバックスクリーンへの本塁打でした。

巨人の中堅を守っていたクロマティ選手の背中、背番号49が打球を見送る姿が印象に残っています。「もう、どうにもならない」と背中で語っているようでした。

内容が一番すばらしかったのは、岡田監督の一発。バースも私も直球系を本塁打にしており、岡田監督はスライダーを読み切っていたのです。

「ストッパー・中西」の誕生

この試合は3連発が強烈な印象を残した一戦ですが、実はリーグ優勝するうえで、もっと大きな出来事がありました。「ストッパー・中西」の誕生です。3点リードの9回、福間納さんが先頭のクロマティ、原辰徳に連続ソロを許し、阪神は1点差に迫られました。再逆転されそうな試合展開です。

ここで、福間さんからバトンを引き継いだのが中西清起でした。5番・中畑清さんから、吉村禎章、駒田徳広と3者凡退に斬ってプロ初セーブ。この試合を機に、左の山本和行さん、右の中西で左右のダブルストッパー体制ができました。シーズン終盤に山本さんはアキレス腱を断裂して離脱したため、「中堅方向への3連発」以上に「ストッパー・中西」が生まれた試合には大きな収穫がありました。チームは勢いに乗って3戦目は大勝。巨人との3連戦に全勝したのです。

85年のダブルストッパーは、今季の梅野選手と坂本選手のダブル捕手体制と重なる部分があります。坂本選手をシーズン序盤から起用していたので、終盤に梅野選手をケガで欠いてもチームは崩れませんでした。優勝できるときはチームがうまく回るのかもしれませんし、選手を見極める監督の目も大切だと思います。

今季でいえばほかにも、岡田監督は湯浅投手の状態があまり良くないと春季キャンプで口にしていました。青柳投手に関しても、本調子ではないと感じていたそうです。2年連続で最多勝のタイトルを手にしている実績を評して青柳投手を開幕投手に起用しましたが、過去2年間のようにはうまく機能しない想定をしてシーズンに入っています。守護神も湯浅投手で1年間戦えない可能性を十分に考えていました。そういった選手を見る目も岡田監督は長《た》けていたといえます。

吉田義男監督と岡田監督の共通点

選手の適性やタイプを見極める力、そして派手ではない作戦をきっちりとこなす戦い方は、岡田監督と吉田監督の共通点と感じています。吉田監督も投手交代のタイミングや犠打といった戦術を大事にしていました。

また、吉田監督は「守備で攻める野球」を掲げ、「守りで相手を攻める野球をしなさい」と繰り返し、守りから攻めのリズムをつくる野球を理想としていた指揮官です。ゴロの捕球では打球を抱え込む捕り方を嫌い、グラブに打球をぶつけるようにして打球の勢いを殺す攻撃的な守備を掲げていました。

85年のシーズンを迎えるにあたり、私は選手会長を岡田監督へ引き継ぎました。野球に悩んでいるように感じたので、性格的にチームを引っ張る責任のある立場を任せたほうがプレーに良い影響が出ると考えたためです。遠征先のホテルで岡田監督の部屋に行き、「俺は一歩引くから」と伝えました。

この年、阪神は74勝49敗7分けで勝率は6割を超えました。ただ、大きな連敗もあった。勝てない試合が続いたとき、選手会長の岡田監督がいいタイミングで決起集会を開いてくれました。全員で集まったからといって、連敗が止まるほど野球は簡単ではありません。ただ、気持ちを切り替えるきっかけになりますし、お酒が入ると野球の話になって選手が本音を語ります。そこで、勝たなければいけない気持ちを新たにする。岡田監督はうまくチームをまとめていました。

優勝が見えてきた10月。どこの球場に行っても試合後は、次戦のチケットを求めて列をつくる阪神ファンの方々に「あしたも頑張れ！」と激励され、優勝への期待が高まっていると肌で感じました。

引き分けでも優勝とは知らなかった

優勝へのカウントダウンが始まり、10月16日にマジック1で神宮球場でのヤクルト戦に臨みました。この試合に勝つか、または引き分けで阪神の優勝が決まることになっていました。しかし、私を含めて選手たちは引き分けで優勝が決まるのかどうかを把握していなかったのです。

同点で迎えた延長10回裏の守備のときでした。タイムをかけて内野手がマウンドに集まった際、私は岡田監督に「引き分けでも優勝なのか?」とたずねました。岡田監督も知らなかったため、平田選手に「どっちなんだよ」と聞きました。平田選手も「わかりません」と答えましたが、控えのチームメートたちが体を半分ベンチから乗り出して、「優勝、優勝」と手であおっている姿が見えた。そこで初めて、私たち内野陣は延長10回の守備を無失点に抑えれば優勝できると確信を得ました。

当時は試合時間が3時間20分を超えると、新しいイニングに入らないルールがありました。私はウイニングボールをさばきたかったので、マウンドに立っていた中西に「最後はサードゴロを打たせろ」と伝えて円陣を解きました。結局、最後の打者は投手へのゴロで規定により引き分け。阪神の優勝が決定しました。

通常は吉田監督の胴上げで終わるところですが、川藤幸三さんが「このチームは掛布のチーム。掛布を胴上げしないとダメだ」と言ってくれて、私も宙を舞いました。この言葉と胴上げはうれしかったですね。その後、三冠王を獲得して優勝の立役者となったバースも胴上げされました。

試合が終わると、吉田監督やレギュラー選手数人と一緒に共同記者会見へ向かいました。記者の方々からは「200発打線」と呼ばれた打撃に関する質問が大半を占めました。私は、強力打線の4番として意見を聞かれました。たしかに、打線に力があり、打ち勝った試合もありました。ただ、私が常に思うのは、10－9の試合でも1－0の試合でも、逃げきって勝利するには、投手を中心にした守備力が重要です。守り勝つ力がなければ、優勝できなかったと考えています。だから、記者会見でも「投手が踏ん張って、守り勝ったチームだと思います」と答えました。

会見を終えて会見場をあとにしようとしたとき、当時評論家をしていた江夏豊さんに「おめでとう」と声をかけられました。私が「ありがとうございます」と頭を下げると、江夏さんが「お前だけだな、投手の頑張りを口にしてくれたのは。野球で勝つためには投手の力が必要だよな」とねぎらってくれたことをよく覚えています。

心を許せるお店での祝福に優勝の実感が湧く

記者会見が終了したら、ホテルに戻って念願のビールかけ。初めての経験だったのでルールもわからず、まるで乱闘のようでした。ビール瓶は割れるし、選手たちはビールがたまった床で滑って転ぶし、1500本以上用意されたビールが15分ほどですべてなくなりました。

優勝する以前に田淵幸一さんと山本浩二さんの3人で打撃の話をしていたとき、ビールかけの話題になったことがありました。2人が「ビールかけは目が痛くなる」と、うれしそうに共感しているなか、経験がなかった私は「そういうものなんですね」と答えるしかありませんでした。

話に聞いていた通り、ビールかけは本当に目が痛い。ユニフォームはビールまみれで、ものすごいにおいでした。ホテルの3階を貸し切ってビールかけ会場が設けられ、3階のエレベーター前にはビニールシートが敷かれていました。チームのマネジャーからは「ビニールシートの上で裸になってから部屋に戻ってください」と言われました。部屋にユニフォームを持ち込むと、ビールの匂いが充満してしまうためです。エレベーター前に選手のユニフォームが山積みになっている光景は壮観でしたね。

記者会見、ビールかけ、取材対応が終わって、一段落したのは午前1時ごろ。チームからは「きょうは門限がないので、自由に行動してかまわない」とお許しが出ました。私は都内にある行きつけのお店から「お祝いに寿司を用意した」と連絡を受け、チームメート数人を誘って食事に出かけました。お店の方に「おめでとう」と祝福され、シャンパンを開けてもらったとき、ようやく優勝した実感が湧いてきました。

それまでは、どこか第三者のような感じで、「グラウンドでも記者会見でも冷静に」という気持ちがあったのだと思います。心を許せるお店でお祝いしてもらい、高揚していく感覚になりました。ファンの期待に初めて応えられた充実感、4番としてチームを優勝に導くことができた満足感が高まりました。吉田監督が記者会見で優勝の要因を聞かれた際に「うちには日本一の4番打者がいる」と言ってくれた言葉がよみがえり、すごく興奮したのを覚えています。

野村収《おさむ》さんと衣笠祥雄さんの言葉

優勝したシーズンで、ほかにも印象に残っている2人の言葉があります。まずは野村収さん。横浜大洋ホエールズでプレーした78年に最多勝のタイトルを獲得し、83年に加藤博一さんとのトレードで阪神に移籍してきた投手です。

私は優勝したシーズン、130試合フルイニングで出場しました。優勝を決めた翌日の試合もレギュラー陣が1、2打席で交代していくなか、最後までグラウンドに立ちました。前夜に遅くまでお酒を飲み過ぎた影響で、5回のグラウンド整備時にはロッカールームで寝てしまいました。グラウンド整備が終わっても、私は眠ったままで守備に就いていなかったので、チームメートは私が交代したと思っていたそうです。

でも、三塁の守備位置は空いたまま。ベンチ内で「掛布がいない」となって、ロッカーで寝ていたところを起こされて慌てて試合に戻りました。その試合はバットを振ったら、たまたま芯に当たって左翼へ本塁打を放ちました。シーズン40本目の本塁打でした。

このシーズンは日程が延びてしまい、リーグ最終戦の巨人戦から西武ライオンズ（当時）との日本シリーズ初戦まで数日しか空いていませんでした。タイトなスケジュールだったことから首脳陣が私のコンディションを考慮し、最終戦は途中交代を打診されました。2安打を打てばシーズン打率が3割に届くので、2本目の安打を放ったあとに吉田監督から「交代するか？」と声をかけられました。

そこで、野村さんが私のところに来て「代わるな」とひと言。

「打率3割に到達するかどうか、お前はそんなことを考えたらダメな選手なんだ。これだけのファンが球場に来てくれている。打つか、打たないかの結果ではなく、お前は試合に出続けなければいけない。絶対に休むな」

そう話をされました。重みのある言葉です。野村さんの言葉に納得して、私は最終戦もフルイニング出場しました。

もう1人は、広島で活躍した衣笠祥雄さんです。当時の広島は黄金期を迎えており、毎年のように優勝争いをしていました。チームを指揮していた古葉竹識監督は春季キャンプでさまざまな練習をしていたそうです。シーズン中に1回あるかないかの守備のフォーメーションも練習していました。衣笠さんは最初、「何で、こんな練習をするのか。時間の無駄ではないか」と感じていたけれど、古葉監督の練習から準備の大切さを学んだというのです。

「無駄な練習なんてない。カープの優勝は、古葉さんのような練習や準備があってこそなんだ」

私にこんな話をしてくださり、その言葉の意味がわかったときに阪神も優勝できるとも言われました。

初めて優勝を経験した85年は、まさに無駄な準備はないと感じた1年でした。チームが勝つために4番として何が必要なのか、常に考えて試合に向けた準備を整えました。そして、勝つことで我慢する野球も学びました。自分の打撃の状態や試合展開によって、あえて1つのアウトを打ったり、バットを振らずに四球で後ろにつないだりすることがチームの勝利につながりました。意味のあるアウトがあると知った貴重なシーズンでした。

優勝でファンのみなさんに恩返しできた安堵《あんど》感は、優勝を決めて東京から大阪に帰るときにも味わうことができました。東京駅から東海道新幹線に乗って京都駅を通過したあたりで、車掌さんがチームのマネジャーのところに来て話し始めました。話が終わると、マネジャーが選手に向かって「申し訳ないけれど、レギュラー陣は全員8号車へ移動してほしい」と言いました。

当時、東海道新幹線は11、12号車がグリーン車で、8号車は指定席だったと記憶しています。移動する理由をたずねると「新大阪駅が、えらいことになっている」とのことでした。私たちが乗っているグリーン車が到着するホームにファンが殺到して、新幹線を降りられる状態ではないと説明されました。

8号車が到着するホームには、荷物を運搬する大きなエレベーターがありました。エレベーターの前にガードマンの方々がつくった道を通って、レギュラー陣がエレベーターに乗り込み、新大阪駅の地下まで移動しました。地下にタクシーが待機していたので、選手それぞれがタクシーに乗って自宅に帰りました。

これまでに受けた応援に比べれば、一度のリーグ優勝では足りないかもしれませんが、新幹線を降りられないくらいのファンが私たちを待っていると聞いて、少しは恩返しできたかなと思いました。

今の阪神なら連覇は十分に狙える

85年、和暦でいうと昭和60年にリーグ優勝を果たした当時、吉田監督はこう話しました。

「昭和50年代は広島カープの時代だった。昭和60年代は阪神タイガースの時代が来た」

私も初優勝を経験し、連覇できる戦力だと自信を持っていました。しかし、翌86年の結果は60勝60敗10分けの3位。優勝した広島に13・5ゲーム差をつけられました。前年に先発ローテーションを担って9勝を挙げた池田は、試合中の守備で一塁ベースに入った際、クロスプレーで骨折。私も手首に死球を受けた影響で戦列を離れました。死球は避けられない部分はありますが、この年は今までで一番良い状態でシーズンに入ったことから、私自身にスキがあったのかもしれません。

今季独走した阪神は戦力的に十分、連覇を狙えます。最大の懸案は主力にケガ人が出ることでしょう。優勝したシーズンのオフは忙しくなります。ありがたい半面、例年と同じように調整できない部分もある。選手たちは体を休ませながらトレーニングし、短い期間で心身をリセットして来季へのスイッチを入れる必要があります。

リーグナンバーワンの先発投手陣とはいえ、不安要素はあります。不振で2軍落ちした青柳投手と西勇輝投手は、本来の投球を取り戻せるのか。2桁勝利をマークした大竹投手と村上投手は当然、相手チームに研究される。そのなかで1年間ローテーションを守れるのか。セ・リーグの5球団は阪神を倒さなければ優勝できないため、阪神をターゲットにしてきます。どのチームも、いわゆる表のローテーションを阪神に対して組んでくるかもしれません。

打線に関しては、プロ4年目となる佐藤選手が勝負の1年になるとみています。来季、阪神を背負える数字を残せないと、その先は厳しくなると思っています。個人的には今季大きく開花すると予想していましたが、持っている能力から考えれば物足りなさを感じました。ただ、シーズン後半は良い形の打撃を見せています。左手をうまく使い、バットを押し込めるようになりました。頭が前に突っ込まず、その場でスイングできているため、球の見極めも改善しました。

本塁打が増えたシーズン終盤、佐藤選手と話す機会がありました。「打撃の感覚をつかんだ気がしているのではないか？」と質問したところ、明るい表情で「変化している自分を感じます」との答えが返ってきました。シーズン終盤の形で1年間過ごせれば、本塁打を30本以上打てるでしょう。来季は佐藤選手がひと皮、ふた皮むけるのか、今後のプロ野球人生を左右する1年になると思っています。

佐藤選手が覚醒すると、兄弟のように仲良しで刺激し合う関係性でもある森下選手にも好影響が出ます。さらに、2人に挟まれる4番の大山選手への相乗効果も生まれ、リーグ最強のクリーンアップになる期待が膨らみます。

今年の阪神はあまりにもチームがうまく機能し、ペナントレースで競っていない点も、来季の戦いでは気になるところです。今季と違い、仮にスタートダッシュに失敗して追う展開になった場合、選手たちに焦りが生まれて普段通りのプレーができなくなる可能性もあります。開幕でつまずくと、戦い方が難しくなります。

金本監督、矢野監督が育て、岡田監督が仕上げた結果の優勝

最後に、阪神ファンのみなさんに伝えたいことがあります。今季の岡田監督の手腕がすばらしかったのは言うまでもありません。そのうえで忘れてほしくないのは、金本知憲《ともあき》監督、矢野燿大《あきひろ》監督とつないできたバトンが岡田監督に渡ったということです。

チームの要として4番に座る大山選手は、金本監督の時代にドラフトで獲得した選手。今年の優勝に欠かせなかった坂本誠志郎選手は、捕手出身の矢野監督が育てた選手の1人です。優勝したときの監督ばかりがクローズアップされる傾向が強いですが、優勝に至るまでには歴代の監督たちが積み重ねてきた財産があります。

金本監督が現役時代、広島から阪神に移籍したことで、一塁までの全力疾走がチームに根づきました。主砲が全力プレーを怠らない姿を見せれば、ほかの選手も手を

抜けません。その金本監督がチームを指揮し、大山選手は4番であっても全力疾走を徹底しているわけです。

優勝した監督はすべてが正しくて、優勝できなかった監督は間違いという単純な話ではありません。チームは1年で劇的には変わりません。現在のレギュラー陣はいろんな指導者のもとで成長してきました。金本監督と矢野監督がチームの土台をつくり、岡田監督が仕上げた結果の優勝だと私は考えています。

（構成／間 淳）

第2章

媚を売らず忖度しない采配、岡田監督のブレない野球観

江本孟紀 Takenori Emoto

1947年7月22日生まれ、高知県出身。高知商業高校、法政大学、熊谷組を経て、71年にドラフト外で東映フライヤーズ入団。南海移籍の72年に自身初の2桁勝利を挙げると、以降は76年の阪神移籍後も含め8年連続2桁勝利。通算113勝126敗19セーブ、防御率3.52。現役引退後は参議院議員、辛口の野球評論家として活躍。

優勝の要因は岡田監督の「落ち着き」

阪神タイガースがリーグ優勝できた要因は、ひと言で言えば岡田彰布監督の「落ち着き」だと思います。もちろん、戦力が充実していたことは重要な要素でしょう。ただ、各球団の実力が拮抗《きっこう》しているため、それだけでは頂点に立てない。実際に、近年の阪神はセ・リーグのなかでトップレベルの戦力を擁しながら、なかなか優勝に届かなかったわけですから。

岡田監督が就任1年目で優勝したことは、深い意味を持っていると思います。最近の監督は年齢が若返ったこともあって、選手と一緒にベンチで感情をあらわにして一喜一憂するリーダーが多い。点が入るとバカ騒ぎして、逆転されるとお通夜のように沈んでしまう。

球団フロントの力が強くなり、監督がモノを言えなくなっている風潮も気になります。勝つこと以上に、ファンの人気を集めて集客が重視されるなかで、モノを言う監督は扱いづらいので敬遠される。フロントに従順な姿勢の監督が多くなりましたが、岡田監督は明らかに違う。結果に一喜一憂せず、選手にも観客にも媚《こび》を売らないし、迎合もしない。自分がどう思われるかを気にしていないんですよ。

勝つことに特化して忖度《そんたく》しない。もちろんファンに感謝していますよ。インタビューでも常々語っているように、あの阪神ファンの応援は大きな力になっている。ただ、勝ってこそ評価されるという軸がブレない。

昨今の風潮に一石を投じた優勝

今年の戦いぶりを見ていると、岡田監督がドラマティックな勝ち方をしても、記者会見ではしゃぐことがなかった。実際に優勝を決めたあとも、その姿勢が変わらない。だから、「阪神優勝」で大阪は局地的に盛り上がっているけれど、全国的に熱狂しているかというと、そうではない。阪神ファンは日本国内の至る所にたくさんいますが、世の中すべてでフィーバーが起きているとまではいかない。

でも、それでいいんですよ。マスコミは「18年ぶりのリーグ優勝」と書いて盛り上げるけれど、裏を返せば18年間も優勝できなかった。岡田監督は「毎年優勝争いしているのに優勝に届かなかった」という現実を見ていると思う。だから1回優勝しても、はしゃぐことがないし、どこか俯瞰《ふかん》して見ている。

最近の野球が騒がしくなっているように感じるのは僕だけでないと思います。選手、客、メディアも含めてね、何ていうのかな……おちゃらけて、はしゃぎたい雰囲気が見えるんです。心理学の世界とかは詳しくわからないけれど、世の中鬱憤《うっぷん》がたまっていて、SNSで人を叩くことがはけ口になり、活躍した人が美談として過度に持ち上げられる。評価が極端で、生きることが窮屈な社会に違和感を持っている人が少なくないと思う。球界も一緒です。監督が選手と一緒になって一喜一憂しているほうが盛り上がる。そっちのほうが簡単ですから。

でも、「そんなもんじゃないだろ」と感じる人たちがいる。僕もその1人です。岡田監督は客を喜ばすようなパフォーマンス、発言をしない。でも、多くの野球ファンの共感を得られている。時代の流行《はや》り廃《すた》りではない。彼のスタンスは一球団が優勝したという事象だけではなく、「現在の野球界」に一石を投じた意味でも大きな価値があると思います。

今の時代は、出る杭が打たれる。ヒーローインタビューだってそう。選手たちは口をそろえて、「みなさんの応援の力で勝てました」って。それは本心かもしれないけれど、全員が全員そうじゃないやろって思ってしまう(笑)。「応援に来たかったら来てください。僕が抑えますよ」ぐらいのことを言うヤツが出てきてもいい。SNSで叩かれるし、時代が許さない部分があるんでしょう。

野球のあり方も変わってきた。試合の中身より、その前後のイベントに力を入れて「劇場化」している。集客が大事であることは理解していますよ。お客さんが来なければ、プロ野球が成り立たないのはその通りです。でも、試合が終わると照明が消えて「イベントが始まります」って、お客さんがペンライトを持って楽しんで。野球で魅せてほしいという部分がある。

極端な話、お客さんが入れば収益を得られるから、優勝しなくてもいいと思っている球団はあると思う。もちろん表には出さないけどね。でも、現場がフロントのイエスマンになってしまうことに危機感を抱いている。こういう流れが進むと、野球そのものが進化しなくなってしまう。

お客さんも優しすぎるように感じます。最近、違和感を覚えるのは、失点でノックアウトされた投手にスタンドから拍手を送るシーンが目立つこと。ひと昔前なら信じられなかった。投手にしてみれば、優しさでなく屈辱ですよ。僕が現役時代に早いイニングでノックアウトされたら、「バカ！　ボケ！」ってヤジと一緒に石が飛んできた。「こっちはなけなしの給料なのに、金払って見に来ているんだぞ！」ってね。そう言われると、こちらは何も言えない。ファンの厳しい姿勢に選手たちが育てられた部分はある。高い金をもらっているプロ野球選手なのだから。

時代が違うかもしれないし、選手の人格を否定するような誹謗《ひぼう》中傷は絶対に許されないけれど、結果を出せなかった人間に優しく接するというのは、ちょっと理解ができない。本当の優しさって何だろうと考えてしまう。

岡田監督の「古き良き信念」が奏功

野球に向き合う価値観が変化しているなか、「野球で魅せる」というポリシーを持っている数少ないリーダーが岡田監督だと思う。ほかのチームは負けたあとにグラウンドに整列して挨拶するけれど、岡田監督は今年からやめた。矢野燿大前監督のときにやっていた、本塁打を打った選手にメダルを掛ける「虎メダル」も廃止した。パフォーマンスや客に媚《こ》びるのではなく、グラウンド上の結果で示す。俳優の高倉健さんじゃないけれど、「男は背中で勝負する」姿を体現している。

美談とか、お涙ちょうだいのストーリーに乗らず、職人たちが真剣勝負で雌雄を決するから、勝者と敗者の美学が生まれる。そのカッコよさが野球の本来の魅力だと思う。その原点が失われていくのがさびしかったけれど、岡田監督は「古き良き信念」を持っている。

ただ、この考えが決して時代遅れだとは思わない。実際に首位を独走して18年ぶりのリーグ優勝を決めて、阪神ファンがあれだけ喜んでいるわけですから。

ペナントレース後に対談したときに、「今年のターニングポイントはどこ?」と聞いたら、7月17日の中日ドラゴンズ戦（甲子園）で連敗を3で止めた試合を挙げたんですよ。「あそこでズルズル負けたらまずかった」と。

岡田監督は、ペナントレースという長い流れでチームを見ている。一番避けたいのは大型連敗。優勝争いを繰り広げた広島東洋カープ、横浜ＤｅＮＡベイスターズは勝ちきれずに大型連敗することがあった。ここが阪神との大きな差だったと思う。成績が上がるときもあれば下がるときもあるが、苦しいときに踏ん張れるか。岡田監督は連敗しても、打順を動かさないし、先発ローテーションを崩さない。ジタバタすると選手にも伝染することがわかっている。「ちょっとまずいかなと思ったけれど、あそこをしのいだからいけると思いましたよ」と振り返っていました。

決めたら動かさない〝バクチ打ち的采配〟

僕の持論ですが、今年の特徴としては「2番、4番、8番」が固まっているチームは強い。今年の阪神打線は見事にそれを証明しました。2番は中野拓夢選手で最多安打（164本）を獲得し、選球眼に重点を置いて四球も前年の18から57と3倍以上増えたことで、出塁率3割4分9厘と昨年から4分以上アップした。

全試合4番でスタメン出場した大山悠輔選手の貢献度も高い。岡本和真選手（読売ジャイアンツ）、村上宗隆選手（東京ヤクルトスワローズ）のように本塁打をバンバン打つわけではないが、走者を三塁に置いた場面で犠飛を打つなど、きっちり走者を還す。自分勝手に振り回すのではなく、ボール球には手を出さず四球をきっちり選ぶ。最高出塁率（4割3厘）のタイトルを獲得しましたが、数字以上に貢献度が高い。

岡田監督の起用法でハマったのが8番に置いた木浪聖也選手です。中野選手が二塁にコンバートされなかったら、今年は試合に出られなかった。近年は伸び悩み、小幡竜平選手が遊撃のレギュラーの最有力候補でしたが、木浪選手が堅守と勝負強い打撃でチャンスメーカーになって。岡田監督は、木浪選手が打撃好調でも打順を上げなかった。岡田監督は〝バクチ打ち〟なんですよ。ギャンブル大好きなんです（笑）。バクチ打ちは一度賭けたら、動かさない。「2番・中野、4番・大山、8番は木浪」で勝負すると腹をくくった。だから、木浪がいくら打っても打順を上げず、役割を明確にした。打順が固定されたことで選手もやりやすかったと思います。

もちろん、ほかの打順を任された選手たちの活躍も大きい。盗塁王を獲得した1番・近本光司選手はリーグトップの得点圏打率3割7分4厘をマークしましたが、相手バッテリーからすれば、こんなやっかいなトップバッターはいない。DeNA、巨人が1番打者を固定できず試行錯誤したように、打線を勢いづける意味でも近本選手の働きは大きい。2番・中野選手を含めて四球が多く、高い確率でどちらかの出塁が計算できる。

ただ打つだけでは勝てませんよ。この1、2番は12球団で最強のコンビでしょう。

媚を売らない、忖度しない

昔、岡田監督が評論家のときに打撃理論を聞いたことがあってね。今の選手たちって、メジャーリーガーみたいにヒジを上げて構えるじゃないですか。「オカ、どう思う?」って聞いたら、「江本さん、人を殴るときに脇を開けて殴ったら、パワーが伝わりますか? 締めたほうがいいですよね。開いたままだったらパワーが伝わらない。殴ってもパワーが出ない」ってボソッと言ったんです。わかりやすい例えで核心を突いたことを言うので納得させられました。

岡田監督は大阪の北陽高校、早稲田大学とスター街道を走ってきて、王道のなかで野球理論の基本が身についている。センスだけでやっているわけではない。センスだけで切りぬけてきた人間は、現役時代にいい成績を残しても、指導者になったらうまくいかない。岡田監督は野球理論がしっかりしているし、感覚を言語化できる。

ただ、立ち位置はずっとスーパースターのままです。こちら側の立場に変に下りてこない。これは褒め言葉です。変に下りてくるヤツは媚を売りますから。彼は媚を売らない。だから、評論家時代も阪神に忖度せず、厳しい言葉をズバズバと言う。関西のメディアは嫌がるし、阪神の関係者に「注意してくれ」って言われたこともある(笑)。でも、それが岡田監督のいいところなんですよ。「まあまあ」ってなだめて、本人には伝えませんでした。

「真の優しさ」で起用を決める

「良いものは良い、悪いものは悪い」

このスタンスは誰に対しても変わらない。入団以来2年間、レギュラーで試合に出ていた佐藤輝明選手に関しても、「悪かったら使いませんよ」とはっきり言っていた。実際にスタメンから外したりしてね。ただ、チャンスは与える。いろいろ言われるけど、佐藤選手のことは我慢強く使ったと思いますよ。後半戦は打線の核になって大活躍して。

シーズンが終わって話したら、「一番の成果は佐藤を生き返らせたことじゃないかな」と話していました。佐藤選手に厳しく接しましたが、これが「真の優しさ」だと思います。レギュラーを保証されていないなかで危機感を抱いてはい上がって、活躍して。甘さを見せて「期待しているぞ」と、ただスタメンで使い続けただけでは、結果を出せなかったでしょう。

岡田監督は好き嫌いで選手を起用することはしない。最初から先入観がないんですよ。今年限りで退団した髙山俊、板山祐太郎の両選手についても、名指しで期待を口にしていた。髙山選手はプロ1年目で新人王を獲得したけれど、その後は伸び悩んで。岡田監督は「チャンスはやるよ。はい上がってこい」というメッセージだったと思う。

ただ、結果を出さなければ手助けをしない。シビアですけれど、勝負の世界。これがプロフェッショナルなんです。他球団を見ると、結果を出していないのに試合に出し続ける監督がいますが、これは「本当の優しさ」ではないですよ。

野球観、人生観がブレない

岡田監督は情報通なんです。ガセネタも含めて、いろいろ知っている（笑）。だから、選手のことも見ていないようできっちり見ているし、情報を持っている。でも、その情報をもとに起用法を決めたりはしない。采配に私情を入れる監督はダメですよ。チームの力を結集できない。使われなかった選手は納得できないわけですから。

岡田監督の場合は徹底した実力主義。インタビューも忖度しない。選手に苦言を呈することに迷いがない。でも、愛情がある。

それを感じたのは、リーグ優勝したときのビールかけの挨拶ですよ。かぶり物をしたミエセス選手を見て、「ミエちゃん。主役ちゃうよ、きょうは」「ミエちゃん、成績にちなんだ暴れ方をしてください」とコメントして爆笑が起きて。あんなセリフを言えるのはすごい。岡田監督しか言えない。無礼講という雰囲気だけど冷静でね。関西人らしく笑いも取って。どんな舞台でも自分のスタイル。わかりやすく言えば野球観、人生観がブレない。頑固かというと違う。ずっと王道を歩んできたラインから自分の立ち位置を決めている。

最近印象に残っている出来事がありました。阪神が広島と甲子園でクライマックスシリーズ（CS）ファーストステージを戦った1戦目の試合後ですね。解説が終わってスタッフと一緒に関係者専用の駐車場に向かったら、車がズラッと並んでいて。すると、目の前に白い車が止まったんです。運転席から窓を開けた岡田監督がタバコを吸いながら、「江本さん！」と声をかけてきた。びっくりしてね。「おめでとう。あしたも頑張って」と伝えました。

車が並んでいたし、警備員も待っているから長い時間は話せなかったけれど、そのときふと思ったんですよ。星野仙一さんも野村克也さんも移動の際は運転手つきのハイヤーだった。岡田監督は65歳だけど、「自分で運転しているんだ」って。

こんな大事な試合でも、いつも通りタバコを吸って自分で運転している。近所のおっさんみたいで(笑)。変わらない強さというか、自分のスタイルを貫いている。

これが岡田監督だなと。何げない光景かもしれないけれど、妙に納得させられましたね。

評論家を経て丸くなった

僕は40年以上の付き合いになりますが、「丸くなったな」と感じます。評論家でバックネットの裏から野球を見ていたときに、変化したんじゃないかな。それまではちょっと頑固な部分があったけれど、野球を一歩引いて見て、経済界などさまざまな業界の第一人者とコミュニケーションを取るようになって、人間的により大きく成長したのだと思います。

人と接するうえで押し引きというか、コミュニケーションの取り方とか……。あの時期は、岡田監督と古い付き合いの人たちからも「変わったよね」「接しやすくなった」という声を多く聞くようになりました。

ただ、それまでの岡田監督が冷たい人間だったわけではない。不器用な部分があったのだと思う。えらいなあと思うのが、北陽高のOB会に必ず出ること。だから、同級生やOBからの人気がものすごく高い。僕は高校時代の知り合いが1人しかいないけど(笑)。

年齢的な部分があるし、昔の付き合いがだんだん疎遠になっていくケースが多いけれど、岡田監督は違う。プロ野球界はOB会に顔を出しても途中で帰る人間が多い。でも、岡田監督は最後の最後まで残る。お酒が好きな部分はあるかもしれないけれど、仲間を大切にする。なかなかできることじゃないと思う。根本的には優しい人間なのでしょう。

オリックスの監督を2012年限りで辞した後、野球評論家として10年以上阪神を見続けたことで、気づいた点は多かったと思う。外の空気を吸って社会との接点を数多く持つことで、ユニフォームを着ていたときには気づかない部分がわかってくる。岡田監督の昔からの仲間に会うと、みんなが阪神の優勝を自分のことのように喜んでいる。自分たちの仲間が苦労して、監督に返り咲いて就任1年目に優勝して。誇らしい気持ちなんですよ。

いくつになっても、成長するということは大事です。とくに、上に立つ人間は成長しないと、組織を束ねられない。「大人になった」というのは失礼な言い方だけど、丸くなるのは大事。僕は角だらけだけどね（笑）。

ただ、丸くなるというのは「下手に媚を売る」ということではない。そういう姿を見せたら、周りは気づくし、心が通じない。今の岡田監督を見て思い出すのが、巨人でＶ９を達成した川上哲治監督だね。

川上哲治監督を思い出す「ブレのなさ」

あの時代の巨人のメンバーは落ち着いていました。もはや堂に入《い》っているのに対し、我々阪神は抜け穴が多いザルだった。そりゃ負けるなと。対戦していて川上監督のことが気になるから、堀内恒夫、高田繁さん、柴田勲さんと当時の主力メンバーに「川上さんってどういう人なの？」と聞いたんですよ。そうしたら、全員同じことを言う。「しゃべらない、試合中にベンチで良い悪いを言わない。ベンチに座って貧乏ゆすりをする」と（笑）。

怒ることはないけれど、選手がしょうもない失敗をしたら、当時ベンチに火鉢が置いてあって、持っていた火箸をパチンと叩く。その音を聞いて選手たちの背筋が伸びる。

「川上さんは怖いよ。失敗してもウダウダ言わない。でも、ミスが起きたときに聞こえるパチンって音で雰囲気がピリッとする。言葉を発しているわけではないんだけどね」

YouTubeで共演したV9メンバーの柳田真宏も同じことを話していて。選手たちが異口同音に同じことを言うというのは、川上さんの姿勢がブレていないということ。作戦は当時ヘッドコーチだった牧野茂さんがやって、川上さんはベンチで堂々としている。これは簡単なようで非常に難しい。喜怒哀楽を出したほうがわかりやすいけれど、感情を殺しているから相手も不気味に感じる。

そんな川上さんも一度だけ怒ったことがあるのだそう。ある投手と対戦したとき、長嶋茂雄さんが手も足も出なくて、ベンチ前で「いやあ、あの投手は打てない」と言ったら、川上さんが「バカヤロウ、長嶋が打てなかったら誰が打てるんだ！　そんなことを言うな」と怒鳴ったって。川上さんはスーパースターも特別扱いしない。長嶋さんが怒られている様子を見たら、周りの選手は意識が高くなるよ。

野村克也さんは川上さんに憧れていた。岡田監督は誰に憧れているかわからないけれど、川上さんに重なる部分がある。頭の中で「監督はこうあるべき」というラインがあって、そこからブレない。信念がない監督は、失敗すると起用法や采配がブレる。そんな姿勢で勝負の世界に生き残れるほど甘くない。

オリックス監督時代に監督室でうなだれていた

オリックス・バファローズの監督時代の経験も大きかったんじゃないかな。10年から就任したけれど戦力が整わず同年は5位、11年は4位。最終年の12年は借金20を抱えて最下位に沈んで辞任した。覚えているのは、仙台で東北楽天ゴールデンイーグルスとの試合があったときに、グラウンドへ挨拶に行ったら姿がなくて。「監督室にいます」と聞いたから、ノックしてドアを開けたら、頭をうなだれて考え込んでいた。あの姿は忘れられない。相当しんどかったと思う。オリックス時代に苦労した経験はつらかっただろうけれど、指導者人生で薬になっていると思う。現役時代は阪神のスターとして王道を歩んで、監督としても05年にリーグ優勝をして。期待が大きかったなかでオリックスの監督に就任して、全然勝てなかった。ああいう経験は初めてだったと思う。今回の日本シリーズはオリックスとの対戦だから、因縁を口にしても不思議はないけれど、ひと言も言わない。えらいよ。

いろいろ勉強したのでしょう。口にしてもプラスにならないと考えている。つらい経験を成長の糧にしている。失敗と向き合う姿勢があるからこそ。だから人間的な深みがある。

二度はしごを外されても耐え忍んで監督再登板

岡田監督は忍耐強いと思う。過去にも阪神で監督の就任要請をお願いされたあと、直前になってはしごを外されている。しかも二度もね。普通の人間だったら怒るよ。振り回されているわけだから。

グッと我慢して泣き言を言わない。それを僕は間近で見てきた。もう時効だけど、オフに巨人、阪神のOBが集まるゴルフコンペがあってね。僕と岡田監督、堀内恒夫、槙原寛己が同じ組で回ったとき、岡田監督が「(阪神の球団幹部から)監督って言われました」と明かしてくれて。ところが、何日か後に球団フロントの方針転換で違う人間が監督に就任した。

ショックは絶対に大きかったはず。でも、それを表に出さない。有象無象の人たちが意見を言う阪神という独特の環境で、時には理不尽に感じる運命を受け入れなければいけないと考えていたのだと思う。そんな状況でも、取り乱すことなく王道を貫く。芯が強いんです。

昨オフに矢野燿大前監督が退任することになったときも、僕は岡田監督の就任は難しいんじゃないかと思っていました。監督をやってほしいと強く思っていたけれど、最近は各球団で監督の若返りが進んでいるし、球団フロントが強い力を持つようになって、扱いやすい人間が監督に選ばれやすい。ご時世を考えると、岡田監督は「時代のトレンド」に抗《あらが》うタイプだからね。実際、平田勝男(現ヘッドコーチ)を監督に据えて、コーチを1、2軍で入れ替えるプランがあったと聞いている。平田は優秀だし、一生懸命で熱意を感じる。でも、監督となると岡田監督のほうが絶対にいい。結果的に杉山健博《たけひろ》オーナーが「岡田監督でいく」と決断した。オーナーのひと声で監督が決まる時代じゃないし、詳しい舞台裏はわからないけれど、オーナーの決断は正しかった。岡田監督は昨オフに監督のオファーがなかったら、もうチャンスはなかったでしょう。酸いも甘いも経験して、最後に一番いいタイミングで監督になるチャンスが巡ってきた。

岡田監督の就任を誰よりも望んでいたのは、巨人の原辰徳前監督だったと思う。現役時代、監督の第二次政権でしのぎを削って。昨年、シーズン中に話したとき、阪神の監督の動向を気にしていた。原前監督とすれば、1学年上の岡田監督とプロ野球を盛り上げたい気持ちが強かったと思う。巨人だけでなく球界全体を考えている人間だから、同じ世代で特別な感情を抱いていたはず。ご時世に抵抗した「アナログ対決」は我々も楽しみだった。

僕は今年の順位予想で、巨人を1位、阪神は2位にしていた。「巨人の優勝予想は忖度です」と堂々と言っていたけどね（笑）。巨人は最後まで戦力が整わず、21、

22年に連覇したヤクルトも5位と一気に落ちた。阪神は勝つべくして勝った。巨人戦の対戦成績は18勝6敗1分けと大きく勝ち越して。原前監督は戦力を整えて戦いたかったでしょう。同じ土俵に上がっていると言えなかった。逆に、阪神の選手たちは巨人を圧倒する戦いができたことで、自信をつかんだと思う。

「親父」タイプの監督で選手が大人の集団に

先にも触れたけれど、阪神は1つの試合で一喜一憂することなく、腰を据えて落ち着いて自分の野球に集中していた。矢野前監督と逆のスタイルだから、選手から反発の声が出るかなと思ったけれど、素直に岡田イズムに乗ってきた。ちょっと意外に感じましたが、優勝に毎年あと一歩届かず勝ちに飢えていたから、選手たちは深層心理で岡田監督のようなリーダーを望んでいたんじゃないかな。監督は選手の「兄貴」でなく「親父」じゃなきゃダメ。これは年齢のことを言っているのではなく、選手と一線を引く厳しい要素がないと勝つ組織になれない。

矢野前監督のときは、選手たちがやりやすかったと思う。でも、肩を組んで和気あいあいの雰囲気では勝ちきれない。僕は評論とかでその部分を何度か提言したけどね。早く気づいていたら、矢野政権時代も優勝できたと思う。

矢野前監督は選手から人望が厚かったのは間違いない。ここに厳しさが加われば、さらに良いリーダーになる。「選手の兄貴分」だけでは通用しないんです。岡田監督が貫いた泰然自若の姿勢は、参考になる点が多いと思う。

監督が落ち着いていると、選手も落ち着いて見える。実際に阪神は「大人の集団」になり、強い雰囲気を身にまとっていた。その象徴的な戦いぶりが、広島と対戦したCSファイナルステージでした。リーグ優勝を決めたあとに間隔が空いたこともあって、コンディションの維持が難しい部分があった。実際にあの3試合は打線がつながらず、夏場に白星を量産したときの勢いはなかった。3試合とも先制されたけれど、そこで負けないのが今年の阪神の強さ。相手のスキを逃さず逆転すると、救援陣がきっちり抑えて逃げきった。CSの短期決戦は弱いチームが手を替え品を替えて挑むけれど、強いチームは普段通りの野球をやる。阪神は本来の調子でなくても勝ちきった。これが強いチームの野球ですよ。

監督の発言は、選手に与える影響力が大きい。日本シリーズ前も、オリックスの絶対的エース・山本由伸投手について聞かれて、「(ペナントレースで)6つ負けてるんやろ? 大竹、2つしか負けてないやん。成績がええから言うて、絶対に打てへんことなんかあるわけないやん」「最初から山本やから『はい、打てません』て。そんなんやったら、試合やらんといたらええやん。もう棄権するわ、それやったら」と発言したことが新聞で大きく報じられていました。

これは感情に任せて言っているわけではないし、ハッタリで言っているわけでもない。自分の発言の影響力を知っているから、メディアを利用している。ヤクルトの監督時代に野村克也さんが選手たちを集めて、巨人の監督だった長嶋さんの悪口をずっと言っていたけれど、あれも計算だった。選手たちに植えつけられた巨人へのコンプレックスを払拭《ふっしょく》するのが狙い。野村さん自身も、巨人へのコンプレックスが強いから言葉に説得力がある。相手の監督をボロクソに言ったら、「ウチの監督、すげえな」と頼りにする。選手たちは純粋で単純だから(笑)。

自分たちの監督が、相手の監督にペコペコ挨拶しているようだったら選手たちは冷めてしまう。それぐらい監督の姿勢、言葉の影響力は大きい。岡田監督のもとで試合を重ねることで、選手たちもたくましくなった部分は間違いなくある。

実績にとらわれず、良い者は使う

阪神は数年前から優勝しても不思議ではない戦力だったけれど、今年が順風満帆だったかと言えば、決してそうではない。大きな計算違いは、先発ローテーションの柱を担う青柳晃洋投手、西勇輝投手の状態が春先から上がらなかったこと。青柳投手は21、22年と2年連続最多勝に輝いて、西勇投手もオリックスからFA移籍した19年から4年連続で規定投球回数をクリアしている。期待している投手ではなく、首脳陣からすれば勝ち星を積み重ねてもらわなければ困る投手だった。

でも、開幕から痛打を浴びる試合が目立って不調と見るや、岡田監督は迷わずファームに行かせた。状態が上がるまで1軍に上げずに調整させて。過去の実績にとらわれず、今の状態を見極めて勝つ確率を考える。勝負師なんですよ。

投手陣の柱が2本不在のなかで出てきたのが、村上頌樹投手、大竹耕太郎投手だった。村上投手は昨年まで1軍の舞台で1勝も挙げていない。大竹投手も福岡ソフトバンクホークスで伸び悩み、現役ドラフトで移籍してきた投手なので未知数だった。いわば「計算していない投手」だったけれど、春先から好投を続けると、岡田監督は先発ローテーションに固定しました。村上投手は10勝6敗1ホールド、防御率1・75をマークして最優秀防御率のタイトルを獲得し、大竹投手は12勝2敗、防御率2・26と1人で貯金を10もつくった。この2人がいなければ優勝できなかった。ただ、岡田監督がラッキーだったというのは見方として浅い。実績にとらわれず良い者は使う。シンプルで先入観がない起用法だから、村上、大竹が台頭してきたといえる。

抑えも湯浅京己投手を予定していたところが、コンディション不良で長期離脱したことにより、岩崎優投手をセットアッパーから抑えに回し、救援陣を再構築しました。主力選手の不調、故障など想定外の事態が起きたときに、チームをどう立て直すか。

岡田監督はシーズン前から、選手たちにメッセージを送っていたと思います。それが、佐藤選手への接し方だったんじゃないかな。昨年の秋季キャンプで練習の様子を見て、「体が弱いわ」とバッサリ言った。プロ野球選手は技術不足より、体の弱さを言われたほうがガックリくる。この発言は、佐藤選手に対してだけに向けられたメッセージではない。メディアを通じて発信されることで、「鍛えてこないと使わんぞ、そんな甘い世界ではない」とほかの選手たちにも危機感を抱かせている。

遊撃を守っていた中野選手を、二塁へのコンバートを断行したことも同じことが言えます。肩が弱いところを見抜き、守備を強化するために「二塁でレギュラーをつかめ」とハッパを掛けた。中野選手が二塁に回ったことで、遊撃の控えに甘んじていた木浪聖也選手や小幡竜平選手の目の色が変わった。

佐藤選手が三塁、大山選手が一塁、中野選手は二塁の守備位置に固定されたことで逃げ道がなくなる。最近トレンドになっている1人の選手が複数のポジションを守るという複数ポジション制は聞こえがいいけれど、そのポジションに責任が持てない。主力選手は守備位置を固定するべきです。佐藤選手も中野選手も託されたポジションで結果が出なければ外される。チーム内を改革することで、雰囲気がガラッと変わったように感じました。

手厳しい提言は阪神に強くなってほしかったから

岡田監督は評論家時代から、「俺が監督になったらこうする」という思いを持ち続けていたと思います。阪神に忖度して歯切れの悪いＯＢ評論家が多いなか、手厳しい提言をズバズバ言う。球団内部にはおもしろく思わない人間がいたでしょう。ただ感情に任せて、悪口や批判を言っているわけではありません。言っていることは的を射ていた。阪神に強くなってほしい思いが強いからこそ、時には手厳しい言葉でメッセージを送っていたのです。

だから、監督就任1年目の努力だけが実ったというわけではないんです。阪神の第一次政権では、05年にはリーグ優勝を飾ったけれど、08年は首位を走っていたのに13ゲーム差を巨人にひっくり返されて優勝を逃し、責任を取って辞任している。このときの経験があるから、今年は貯金を増やして首位を独走しても最後まで一切スキを見せなかった。

オリックスの監督でチーム再建に頭を悩ませた3年間もそう。歴史があって、そこから学んで今がある。岡田監督は記憶力がすごいんですよ。北陽高校でも勉強ができて優秀だったらしいし、昔の試合の詳細をきっちり覚えている。だから、過去の苦い思い出や悔しい出来事もまったく忘れていない。それを表には出さないけど。

アマチュアでエリート街道を歩んで阪神でもスター選手だった野球人生を考えれば、18年間も優勝から遠ざかっていたことは忸怩《じくじ》たる思いがあったはず。恨みつらみを表に出さず、「絶対に監督をもう一度やる」と心に決めて準備している。「現役時代がカッコよかったから」「選手に人気が高いから」とか、そういうレベルで監督になった人間とは覚悟が違うんです。

堂々とした「育ちの良いスーパースター」

振り返れば、岡田監督は阪神にドラフト1位で入ったとき、久々に誕生した「関西のスター」でした。当時の主力選手は東京出身の田淵幸一さん、千葉出身の掛布雅之とか関東の人間がそろい、あの時期のヒーローインタビューは多くが関東弁だった。だから、岡田監督が目玉だった1979年のドラフトで西武ライオンズ、南海ホークス、近鉄バファローズ、阪急ブレーブス(いずれも当時)、ヤクルト、阪神と6球団が競合して、阪神が当たりクジを引いたときは、「関西のスターが阪神に帰ってきた」とファンが心の底から喜んだ。

岡田が打席に入ると、応援のボルテージが違った。だから、本当に王道の野球人生なんですよ。スターとして活躍して阪神の監督になって。そのあとに苦労もいろいろしたけれど、「阪神はこうあるべきだ」という軸はブレなかった。ヨイショしすぎかな(笑)。

でも、今年になってその理想の形が実現した。それでも、彼にとってみればまだ通過点。一度優勝しただけでは本物の強さとは言い切れないことがわかっている。

いろいろな報道を見ると、岡田監督にまつわるお涙ちょうだいの美談がない。そういうエピソードがあったほうが盛り上がるかもしれないけれど、我々みたいな古い人間からすれば、舞台裏を見せないで結果を出すというのが真のプロですよ。

岡田監督とは阪神で2年間、ともにプレーしました。僕が南海時代から足掛け8

年連続で2桁勝利を達成した79年、その年のドラフトで入団してきて。若手のときから動じなかったですね。先輩たちの前でも物おじしない。態度がデカイということではないんですよ。堂々としている。でも、野球に対しては必死でしたよ。若手で結果を出さなければいけない立場だと考えていることが、すごく伝わってきた。

スーパースターは二通りいると思うんです。「育ちの良いスーパースター」と「育ちの悪いスーパースター」。長嶋さん、王貞治さんは育ちがいい。これは誰もが認めると思います。一方で、野村克也さん、金田正一さんは品がない、育ちが悪い。これは怒られるね(笑)。こういう区別は良くないかもしれないけれど、「育ちの悪いスーパースター」を否定しているわけではありません。野村さん、金田さんは「打倒・巨人」に燃えたからこそ、自分の力を最大限に発揮できた。

岡田監督は間違いなく「育ちのいいスーパースター」です。ただ、育ちの良さから見えるひ弱さはない。オリックスの監督、阪神の2軍監督を経験しています。

今でこそ1軍の監督をやる前に2軍監督を経験するのが定石だけど、岡田監督が2軍監督に就任した20年前は、「スターがやるべきポジションではない」という見方があった。でも、そのポジションで結果を出した。どんな立場になっても落ちぶれない。王道を歩いているというプライドがあるんです。

岡田監督は指導者として下積みを重ねた

自分の個人的な話になりますが、2016年から独立リーグ・四国アイランドリーグPlusの高知ファイティングドッグスで総監督を務めています。普段は直接、人事に介入することがないのですが、総監督に就任した当初は監督がなかなか決まらなくて、プロ野球OBに何人か声をかけても、「僕はそんな落ちぶれたところに行きたくない」「NPBから呼ばれるのを待っているので」と断られたんです。

そこで解説の仕事があったときに、隣の放送席に駒田徳広を見つけて。「こまちゃん、監督どう?」って聞いたんですよ。最初は「いやいや僕は……」って断られましたが、「ちょっと考えてみてくれないか」と伝えたら、真剣に向き合って引き受けてくれて。ありがたかったですよ。監督に就任して19年まで務めてくれた駒田に感謝しています。

プロ野球ＯＢには考えてほしいんです。ＮＰＢでコーチ、さらに監督のオファーが掛かるのはごくひと握り。現役時代の実績で指導者になれるほど甘くはない。地味に見えるかもしれないけれど、独立リーグでコーチをやることは指導するうえで勉強になるし、ＮＰＢでコーチになるチャンスが広がるんです。

たとえば、今年福岡ソフトバンクホークスの監督を務めた藤本博史は、19、20年に3軍監督を務めている。巨人も川相昌弘（現・巨人1軍内野守備コーチ）、二岡智宏（現・巨人1軍ヘッド兼打撃チーフコーチ）が3軍監督を務めている。ＮＰＢの3軍と対戦する機会があるから、自分が指導した選手が活躍すれば「どうやって成長したんだ」と監督、コーチも注目される。狭い世界だから、情報は良くも悪くもすぐに広まる。「独立リーグの監督をしているあいつは指導者として有能だ」「あいつは選手と向き合っていないからダメだ」とかね。

一生懸命やれば、どんな環境でも人は見ている。選手で実績のある人間が独立リーグで指導者をすることに抵抗があるかもしれないけれど、プライドを捨てる必要はないですよ。2軍監督、3軍監督もそう。自分の軸をブラすことなく指導者として勉強を積めば、NPBから声が掛かる。

前述の駒田は現役時代に2000安打を達成した名選手で、楽天や横浜(現・DeNA)でコーチを務めましたが、僕が声をかけたタイミングは、7年近くNPBの現場から離れていた時期でした。高知で4年間監督を務め、昨年から巨人の3軍監督になって。努力の賜物《たまもの》ですよ。

あのとき、駒田の前に監督打診で声をかけた人間には、NPBから今も声が掛かっていない。過去の栄光にすがっているから、自分の立ち位置が見えていないんです。解説においてもボキャブラリーを増やす努力をせず、結果的に過去の自慢話になるから仕事が回ってこない。そんな人間に誰もコーチのオファーをしませんよ。

岡田監督はオリックスで2軍助監督兼打撃コーチ、阪神で2軍監督、1軍内野守備走塁コーチを経験している。指導者としていろいろな役割をまっとうするなかで、2軍監督時代はとくにさまざまな苦労があったと思います。自分が使ってほしいと思う選手は1軍から求められず、違う選手が呼ばれることもあったでしょう。

本人は口にしないけれど、この苦労はやった人間にしかわからないと思う。でも

2軍監督の気持ちがわかるからこそ、自分が監督になったときには意思疎通を大事にして、いろいろなビジョンが描ける。気持ちがわかる。そこは大きな強みです。

連覇のカギは球団史上三度目の「2桁投手5人」

今年は阪神から3人の2桁投手が誕生しました。大竹投手がチーム最多の12勝、村上投手、伊藤将司投手が10勝をマークし、シーズン途中には「10勝投手が5人誕生するかもしれない」と関西メディアの間で話題になった時期がありました。青柳投手、西勇投手が2桁勝利を狙える位置につけていたが、2人とも8勝止まりでかなわなかったけれど。

実は「1シーズンで10勝投手が5人誕生」は、阪神で1976年以来達成されていない。球団の歴史をひもといても、二度しかありません。76年は僕が南海から阪神に移籍してきたシーズンで15勝を挙げて、谷村智啓、上田二朗(当時)が12勝、古沢憲司が10勝、救援に回った安仁屋宗八さんが10勝10セーブをマークした。

来年のポイントは10勝に到達できる投手を5人つくれるかどうか。そこが連覇の一番のポイントだと思います。岡田監督も対談したときに、村上投手と大竹投手を褒めていました。「あの2人がいなければ優勝できなかった。助かった」って。

王道を行く人間は、「野球は投手」だと思っている。中野選手を遊撃から二塁にコンバートしたり、大山選手を一塁、佐藤選手を三塁に固定したのも、失点をいかに防ぐかという発想からきている。打てなくても、点を取られなければ負けないわけですから。

村上、大竹の両投手は今年大活躍したけれど、相手球団も徹底的に研究するから、来年も勝てるという保証はありません。プロの世界は一度2桁勝つよりも、毎年2桁を連続で勝つほうが何倍も難しい。今年活躍した投手が思うようにならないとき、補完する投手が重要になってきます。

ポイントは青柳投手、西勇投手でしょうね。青柳投手は2021、22年に2年連続で最多勝に輝きましたが、今年は春先からなかなか思い描いた投球ができず、ファームも経験した。チームが優勝したから救われたけど、悔しい思いは絶対にあるはず。2桁勝利で満足せず、それ以上を目指せる投手だからね。

西勇投手も先発でずっと稼働してきましたが、若手の台頭で危機感は当然ある。21年以降2桁勝利から遠ざかっているとはいえ、実力ある投手。意地を見せられるかだね。あとはトミー・ジョン手術から復活した才木浩人投手、若手の西純矢投手、今年は手術のリハビリに専念して1軍登板がなかった髙橋遥人投手もいる。救援を含めて投手陣は質、量共に他球団を圧倒している。地味かもしれないけれど、2桁勝利が5人出てくれれば、来年も間違いなく優勝しますよ。

サトテルの爆発がカギ

打線は脂が乗りきった選手が多い。近本、中野、大山の3選手はでき上がっている。まだまだ伸びしろがあるのが佐藤、森下翔太の2選手ですね。佐藤はつかみどころがないけれど(笑)、復調した後半戦はスイングスピードが速かったし、自分のポイントで捉えていました。あとは好不調の波をいかに抑えられるか。シーズンオフから春季キャンプに向けての過ごし方も重要になります。

岡田監督が「体が弱い」と言うのは、裏を返せば体が強くなった暁には、とんでもない成績を残す可能性があるという意味なのです。たとえば、大山選手が40本塁打を打てるかといったら難しいでしょう。でも、佐藤選手にはクリアできる可能性がある。

打線は2番、4番、8番が重要であることを先にお話ししましたが、佐藤選手が大山選手の4番の座を脅かすような活躍を見せれば、さらに得点力が上がる。今年もそうだったけれど、佐藤選手が打てば点が入ってチームが活気づくんです。

現状のセ・リーグに、阪神を追いかけるチームは見当たらない。巨人は阿部慎之助が監督に就任したけれど、チーム再建に時間がかかると思います。ＤｅＮＡは戦力だけ見れば、優勝しなければいけないチームです。最大の難点は得点能力が低いこと。走れない、小技が利かない、選手の個々の能力に依存して大振りが目立ちます。チームとして、どう点を取るかというビジョンが見えてこない。気になる点は、いつも初球から打つこと。データを重視して、「初球に外角ストレートが来る」と伝えてチームとしてやっているのかもしれませんが、データに打ち方が書いてあるわけではないですから。

「データは家で調べてこい。試合中は意識するな」

ＤｅＮＡに限らず、最近はデータの活用方法を間違っていることが気になります。データ自体は、素人が調べてもプロが調べてもたいして変わらない。問題は、データを基にどう打つか。この対処法を考えないと、初球を打っても凡打になるだけなんです。

相手チームからすれば楽ですよ。ＤｅＮＡの初球打ちは根拠が薄すぎる。初球に来る球の確率がわかっても、投手との力関係を考えて見逃したほうがいいケースがある。走者がいるときはなおさらです。早打ちは投手を助けてしまう。ＤｅＮＡはデータの使い方を見つめ直せば、阪神にとって一番手強い球団ですよ。

データ野球はヤクルトの監督時代に野村さんが「ＩＤ野球」で流れをつくりましたが、今のデータの活用法とまったく違います。僕は野村さんに南海で監督と選手としてお世話になりました。

たしかに、野村さんはデータを重視しましたが、それ以上に個々の選手の対応力を重視していた。たとえば、阪急ブレーブス（当時）戦に向けてミーティングとなれば、野村さんはボードに1番から9番まで阪急の打者の名前を書き込む。1番・福本豊から始まって、選手たちは「初球、何からいくんや」と聞かれる。「福本は初球の外角低めのストレートは打ちません」と答えると、「外角の直球から入るんやな。じゃあ、ボールになったらどうするんや」って。

この部分が大事なんです。初球が、ボールかストライクになるかによって配球が変わってくる。そのときにどう対応するかは投手によって変わる。そこを徹底的に突き詰めるんです。データは利用するけれど、振り回されるものではない。福本の初球に外角の直球を投げて終わりではないんです。その後も勝負は続く。2球目以降にどう配球するか。ここで投手としての真価が問われるんです。

岡田監督はその点を理解している。今年の春季キャンプ前から、「データは家で調べてこい。試合中は意識するな」と常に言っていました。データに振り回されても、いい結果が出ないことを知っているから。

決してデータを軽視しているわけではないですよ。情報収集するスコアラーは重要な存在です。でも、マウンドに立ったとき、打席に立ったときに「データはこうだったから」と、いちいち考えている人間がいい結果を出せるわけがない。間違ったデータ重視は野球をしていない人たちの発想であることを、岡田監督が今年の戦いぶりで証明してくれたと思います。

阪神の来季のライバルは広島・新井監督？

話が脱線しましたが、他球団を見渡すと、ヤクルトは21、22年にリーグ連覇を果たしましたが、今年は5位に沈んだ。投手陣の整備には時間がかかるし、2年連続最下位に低迷した中日も投打で厳しい。

阪神に対抗できる可能性があるとすれば、広島かな。ただ、戦力的には整っているとは言えない。打線の軸になる4番が固定できないのが一番の悩みどころでしょう。マクブルーム選手が打率2割2分1厘、6本塁打と期待外れの結果に終わり、菊池涼介、上本崇司の両選手を4番で起用するサプライズ采配を見せていたけれど、その場しのぎに過ぎない。期待するといえば、今年11本塁打をマークした末包昇大選手ですね。末包が30本塁打を打つようだとおもしろい。ただ、4番は打率や出塁率も高くないと怖さがない。堂林翔太選手も有力候補になりますが、この懸案材料を解消する選手が出てくれれば、阪神にとって脅威の存在となるでしょう。

広島・新井貴浩監督は名将になる可能性を秘めたリーダーだと思います。春先に、メディアの評論で苦言を呈したんですよ。選手と一緒におちゃらけてバカ騒ぎしていたから、違うんじゃないかと。喜ぶのはいいけれど、ベンチで一喜一憂していたらチームが落ち着かない。それが上昇気流に乗った夏場以降は、勝つときは派手に喜ぶ一方、それ以外の場面では落ち着き払った態度に変化しました。ひとつのプレーに対してリアクションしなくなり、冷静なベンチワークができるようになった。

新井監督は岡田監督に重なる部分があります。現役時代に広島からFAで阪神へ移籍したけれど、結果を出せずバッシングで苦しい思いをしました。その後は、また広島に戻って黄金時代をつくる立役者になった。広島出身の叩き上げで、広島一筋の野球人生だったらスターのまま終わったかもしれない。阪神でプレーして挫折を味わったけれど、この経験は指導者人生に必ず生きる。阪神に負けたくない思いは人一倍強いと思う。今年は最後に突き放されましたが、8月上旬まで熾烈《しれつ》な首位争いを繰り広げていましたよね。直接対決では9勝15敗1分けと負け越して、CSファイナルステージでも3連敗と力負けした。恨みつらみというと悪い言葉に聞こえるかもしれませんが、悔しい気持ちは大きなエネルギーになる。このままでは終わらないという気持ちが強いでしょう。

46歳と監督としては若いけれど、年齢は関係ない。新井監督が選手から慕われる「兄貴」から、厳しさを兼ね備えた「親父」になれば、骨太の監督になる。岡田監督にとってみれば、阪神の第一次政権時の教え子ですが、手強いライバルになると思います。

あと10年やって阪神の黄金期を

球界全体で監督の若返りが進んでいます。来年から新たに代わる顔ぶれを見ると、ソフトバンクの小久保裕紀監督が52歳、巨人の阿部慎之助監督が44歳、楽天の今江敏晃監督が40歳。巨人の原辰徳監督が今季限りで退任したから、岡田監督が12球団で唯一の60代の監督になる。

僕が年寄りだからかもしれないけど、〝俺たちの代表〟という思いがあるんですよ。後期高齢者といわれ、免許証を取り上げられて。岡田監督を盾に……というのは冗談だけど(笑)、プロの世界は年齢じゃないというところを証明してほしい。

でも、76歳の僕からすれば、岡田監督はまだまだ若手ですよ。監督をあと10年はやってほしい。本人は嫌がるかもしれないけど(笑)。でも、これは本気で思っていることだから。アストロズのダスティ・ベーカー前監督は73歳の昨年、メジャーでワールドチャンピオンに輝いている。監督25年目で初の頂点に立ったわけで、アメリカの四大スポーツで史上最年長の快挙として大きく取り上げられました。

実力があれば年齢は関係ないことは、歴史が証明している。野村監督は70歳のときに楽天の監督に就任しているし、仰木彬さんも70歳でオリックスの監督を務めた。岡田監督は心身ともに健康だし、現場の第一線でまだまだできますよ。

逆に、岡田監督が10年やらないと、阪神の黄金時代は来ないと思う。この前、民放のバラエティー番組に阪神OBとして出演したとき、ある巨人OBにこう言われたんですよ。

「阪神は相手にしていませんよ。残りの5球団と一緒。ウチは日本一が22回、阪神は1回ですから」

悔しいけれど、その通りなんですよ。巨人と阪神は「伝統の一戦」と呼ばれているけど、戦績は大きな差があるのが現実でした。でも、今は阪神が黄金時代を迎えるチャンス。他球団が弱いというのも大きい。勝つときに勝っておかないと。このタイミングを逃したらまた低迷期になる。

野球人は辞めるときのみじめさを知っている。岡田監督は「育ちのいいスーパースター」だから、はしゃぐこともなく消えるときのことを考えていると思います。強い阪神をつくって、ひっそり消える。それぐらいの気持ちでやっている。

王さんが現役最終年に30本塁打を打って引退したように、スターには美学がある。岡田監督も自分が描く美学をまっとうしてほしい。リーグ3連覇はしなきゃダメ。できますよ。まだチームは完成していない。もっと強くなりますから。

（構成／平尾 類）

第3章

投手コーチ要請を断った本当の理由

金村　曉 Satoru Kanemura

1976年4月19日生まれ、宮城県出身。仙台育英高校では高3夏の甲子園8強。94年にドラフト1位で日本ハムファイターズ入団。98年最優秀防御率。2008年に阪神へ移籍。10年に現役引退。通算271試合登板89勝81敗2セーブ1ホールドポイント、防御率3.89。16〜22年阪神投手コーチ。

岡田監督からのコーチ要請を断る

実は私、今回の岡田彰布監督が就任される折に、2軍投手コーチのオファーを受けてお断りしているんです。

私は現役引退後、評論家活動をしていた2016年に金本知憲さんが阪神タイガースの監督に就任され、そこで1軍投手コーチとしてスタッフに加わることになりました。いわば金本さんに呼んでいただいた人間ですので、その金本さんが18年限りで監督を退任されることが決まったときに、自分も一緒に辞めるべきだと考えていました。

すると、バッテリーコーチとして金本さんから招聘《しょうへい》され、のちに2軍監督となっていた矢野耀大さんが1軍監督に就任することが決まり、「力を貸してくれないか」というお話をいただきました。金本さんと矢野さんは同じチームづくりの方向性を持って、それぞれ1軍と2軍の監督をやっておられたので、矢野さんが1軍の監督になられても、そこは変わることはない。ほかのコーチングスタッフも、ほとんどが残留しています。それなら私も「力になれることがあるのでは」と思い、コーチとしてチームに残る決心をしました。

しかし今回、岡田監督が就任されたときは、コーチングスタッフも一新され、外部から連れてこられる形になりました。そうなると当然、野球の方向性も変わるはずで、コーチのお誘いをいただいた際も、岡田さんの求める野球に自分が合わせられるだろうかという不安がありました。

その不安には、理由があったのです。

ゲームでの勝負勘と確固たる野球観

私が現役時代、岡田監督のもとでやらせてもらったのは実質1シーズン。04〜08年の第一次岡田政権で最終年のことでした。その前年の07年は、北海道日本ハムファイターズで後半に成績が伸びず5勝に終わり、登板数や投球イニングも前年を大きく下回ってしまいました。それで球団が放出の方針を固めたところに、阪神のほうから「ほしい」と言ってもらい、交換トレードが成立しました。

当時のセ・リーグは落合博満監督が率いる中日ドラゴンズが強く、阪神と優勝を争うシーズンが続いていました。06年のペナントでは、阪神は中日に対戦成績7勝14敗1分けと大きく負け越し、07年は12勝11敗1分けとほぼ五分の成績に戻しましたが、相性の悪さを感じていたようです。私は交流戦で中日に対して相性が良かったため、「中日キラー」的な働きを期待しているということで、両球団の思惑が一致したようです。

岡田監督には先発ローテーションの一角として計算してもらっていたようですが、春先に左太腿肉離れで出遅れ、その後もケガが立て続けにあり、調整が夏場まで長引いてしまいました。結局、そのシーズンは未勝利。登板も8試合で、チームに全然貢献できませんでした。岡田監督はその年限りで退任されています。

わずか1シーズンですが、岡田監督からは、とにかく野球を熟知されているという印象を受けました。基本的なサインプレーやフォーメーションが日頃の練習から細かく徹底されていたのはもちろんですが、ゲームでの勝負勘、確固たる野球観をすごく持っていらっしゃいます。

今年のクライマックスシリーズ(CS)ではどっしりと構えて、ベンチの采配としては何も仕掛けたり、動いたりすることがありませんでした。そうかと思えば、日本シリーズの初戦になって、いきなり佐藤輝明選手に「初球スチール」です。そうやって試合の流れを読んで、「ここだ」という局面で思いきって仕掛けをしてくる。臨機応変というか、その場その場の空気、試合の流れのなかで動いてくるんです。そんな「勝負師の勘」みたいなものを持たれている方です。

第一次政権で「厳しさ」を見ていた

第一次政権時代は選手に対しても妥協を許さないというか、今とはまた違った厳しさも持っていらっしゃいました。そして、解説者をされていた時期には、いろんなYouTube番組などにも出演され、私はそのお話の内容を聞いてドキッとすることがたびたびありました。

「なんで3連投しないんだ?」「キャンプで久保田(智之)は3000球投げていたぞ」という言葉に、私は心のなかで「いやいやいや、ちょっと待ってください!」と。

「私もそういう時代を過ごしたので、よくわかります。ただ、今の投手はついてくることができないし、故障してしまうのでは」という懸念があったのです。

私は1軍で投手陣のコンディショニング管理を担当してきて、「彼らに1年でも長く現役でやらせてあげたい」という思い入れを持って取り組んでいました。ですから、2軍投手コーチのオファーをいただいたときに、岡田監督の前政権時代、そして解説者時代を踏まえ、自分は求められるであろう厳しさをもって、同じ方向を向いてできるだろうか？　と不安になりました。キャパシティを超えて故障する投手が次々に出るのではないか、自分の立場としては、ケガをして2軍に来る投手を待つような状態になってしまうのではないか――それは自分にはつらいな、と思ったのです。

予想と真逆の起用法～不安は思い違いだった

しかし、いざフタを開けてみると、私の予想とは全然違っていました。投手の起用法でも、前回の監督時はリードしていたら何連投になってもリリーフをつぎ込んでいく、いわゆる「JFK（ジェフ・ウィリアムス、藤川球児、久保田智之）」、まさに「勝利の方程式」でした。絶対的な勝ちパターンです。

ところが、今年はまったく変わった。中継ぎ投手に3連投すらさせないくらい、すごくうまいこと投手陣を配置して運用されていました。阪神投手陣の層が厚いことが前提にあるのですが、それでもやりくりがすばらしかった。

時代に逆行するどころか、今の時代の流れにうまく合わせてやっている。もともと選手との距離感をきちんと保ち、選手となれ合いにはならないかただったのですが、そこの部分でも、かなり選手に歩み寄っているように見えます。

前回と比べると、選手と談笑したり、ワンポイントアドバイスのようなことを自分で直接伝えたりする姿をよく目にしました。今の選手たちとの関係を円滑にしていこうという意識が感じ取れます。

15年、20年前であれば、監督という立場は妥協を許さないスタイルを貫いていればよかったのかもしれません。勝負の世界ですから厳しいのは当然。選手に要求して、それができないんだったら試合に出られないよ、というだけの話です。

でも、今の若い選手たちは、日常の生活からそういう厳しさを経験していない。

昔のように、「できるようになるまでやっておけ」と言って、ずっと延々と同じ練習ばかりさせるわけにもいかないのです。

そういう時代になって、野球も変わってきています。

岡田監督は今回の再就任で、今の時代に合った起用法をしていました。これほどまでに柔軟に対応されていることに正直、私も驚いたくらいです。08年オフに阪神の監督を退任され、オリックス・バファローズで監督を務められたあと、岡田監督は10年ほど解説者として野球を外から見てこられました。

私が言うのはおこがましいですが、そこで今どきの若い選手の考え方や気質の変化など、さまざまなことを勉強されていたのではないでしょうか。自分の考えもありながら、今の時代に合った選手の起用法、投手の運用方法をうまく融合させることを考えておられたのではないかと想像できます。

私の不安は、完全に自分の思い違いでした。「こんなことなら、コーチのオファーを受けておけばよかったな」と後悔しているくらいです(笑)。

「選手のため」と「優しさ」

岡田監督は選手を発奮させるやり方が抜群にうまいんです。たとえば、今年から三塁に回った佐藤選手。ポジションを固定して、打順もクリーンアップに入れて、「お前は中心選手として使っていくからな」ということですよね。一方、成績だけでなく姿勢の面などでちょっと物足りない点があって、何とかしなくてはいけない。そういうときに、本人に直接厳しく言うようなことはしていないはずです。その代わり、メディアに向かって辛口の言葉を発する。それが翌日の記事になる。選手本人はその記事を見て、「やばい」と思うでしょうし、実際に登録抹消して短期間だけど2軍に落としている。そりゃ尻に火がつきますよ。そして、1軍に戻ってきたときには必死になって結果を出そうとするんです。

見方を変えると、メディアの使い方がすごく上手ということ。どんな伝え方をしたら一番効果があるのかを考えています。結果的に、それで選手が結果を出せるわけですから、「選手のため」になってくるわけです。

それは、選手への「優しさ」でもあると思います。今いる選手1人1人を、チームのなかで活かす方法を考えている。岡田監督はよく選手に対して、「お前、稼ぎたいやろ?」と声をかけます。1軍で試合にたくさん出て、レギュラーやローテーション投手になって、成績を残せば給料が上がる。お金が稼げる。簡単に言えば、幸せになれるわけです。だから「よし、稼がせたるわ」と。

つまり、「お前を起用するぞ。だから頑張れ」ということです。選手は1軍で活躍して、稼いでナンボの世界ですから。そういう気遣いのある、選手思いの監督です。

コーチ陣も「岡田采配」を先読みする

ベンチワークでは、私が選手として見ていた前回の監督時代には、試合中の継投や野手の変更も含め、起用はすべて岡田監督が決めていました。もちろん、そのなかで各担当コーチがタイミングを見て進言することもありますが、基本的には岡田監督のプランに沿って、コーチが動いていく。それは今回も変わっていないと思います。

コーチ陣は、それに対するアンテナを常に張っておく必要があります。試合中の岡田監督の思考回路は、展開や空気をみながら常にグルグル回っていて、なおかつ一瞬でパッパッパッと先まで計算していく。コーチ陣もそれについていかなくてはなりません。監督のちょっとした言葉や表情の変化を感じながら、やろうとしていることを判断するので、ものすごく神経を使うはずです。

投手コーチでいえば、通常はベンチ担当とブルペン担当の2人体制ですが、ベンチで一緒に試合を見ているコーチだけでなく、ベンチから離れたブルペン担当のコーチも常に試合を見てピリピリしているはずです。

いろいろ先読みして、「ちょっと先発が疲れてきているな」「この回、(相手打線に)つかまりそうだな」というときには、ベンチから指示がなくても、ブルペン主導で投手の準備を始めることがあります。ブルペンがベンチから見えない位置にある球場には、ブルペンの状況を映し出すモニターがベンチに設置されていますが、岡田監督がそのモニターをパッと見て、誰が投げているのかを確認して「なんでこの投手やねん。違うやろ」「この流れだったら、先にコイツをつくらせなアカンやろ」などとつぶやくことがあります。監督が交代を決めてパッと言われたタイミングで、その投手の準備がきちんとできていなければ、投手というのはけっこう繊細ですから、うまく試合に入れません。だからこそブルペンコーチの役割、判断力は重要です。

そうなると、岡田監督にしてみたら、やはり気心が知れているというか、自分の考えがある程度わかっている人でなければ自分の野球ができなくなってしまうし、コーチのほうも戸惑ってしまいます。だから、岡田監督が指揮を執られている時期の阪神は、コーチも顔ぶれがあまり変わらないでしょう。

入れ替えるにしても、岡田監督と一緒にやった経験のある人から探されていると思います。そういう意味では、コーチも毎日気が抜けず、消耗する戦いなのです。

登録枠の増加と「投げ抹消」で投手を循環させた

前回の監督時には、中継ぎ陣に〝勝利の方程式〟「ＪＦＫ」や、彼らにつなぐその前を任された「ＳＨＥ（桟原将司、橋本健太郎、江草仁貴）」のように、シーズンを通じて同じ顔ぶれで固定し、ほぼ入れ替わりのないような状態で戦っていました。これは、当時の野球界全体の傾向でもあったと思います。

一転して今回は、まさに今の時代に合わせたスタイル。先発投手の「投げ抹消（先発したあとに10日以上間隔が空く投手を登録抹消し、次回登板に合わせて再登録する）」などの手法を用いながら、1軍だけでなくファームも含めたチーム全体を戦力として活用しています。そうやって投手を循環させることで、疲労の蓄積を防いでいるのです。

昔の投手はみんなタフだった。そうでなければ、1軍の先発ローテーションに入ることも、中継ぎでフル回転して勝利の方程式に食い込むこともできませんでした。体をすり減らすようにして投げていたから、短命で終わってしまう投手も多くいました。

でも、今はトレーニングの進歩もあり、みんなすごいボールを投げるようになった一方で、「投げるタフさ」はなくなってきています。

私は、それが一概に悪いことだとは思いません。昔のような登板過多は、投手にとっての命である肩やヒジの故障につながるリスクもあります。どの選手も、少しでも選手寿命を延ばしてあげなくてはいけない。

私もコーチ時代には、そこに重きを置いていました。いい投手が使いつぶされて選手生命が短くなることだけは避けたい。せっかく才能を持ってプロの世界に来たのだから、1年でも長く、1円でも多く稼がせてあげたい。そんな考え方を持って取り組んでいたものです。

もう今の時代、「藤川球児の10連投」や「久保田智之のシーズン90試合登板」のようなことは絶対にやれないし、やらせてはいけないと思っています。今はMLBでも2連投までというシステムが構築されつつあります。選手のキャリアを大事にしながらチームを勝たせるマネジメントが、監督にも投手コーチにも要求される時代になっています。

また、当時は1軍の登録選手人数が28人でしたが、19年から29人、20年からは31人に変わりました。ベンチ入りは25人から26人に増え、この1人分の増加も大きい。以前は投手の登録が12だとしたら、先発が6人ですから、中継ぎ投手は6人までしかベンチに入れなかった。だから、それでやりくりするしかなかったのです。

今は登録枠の増加と、「投げ抹消」などをうまく活用することで、中継ぎを8人登録することが可能になりました。ですから、中継ぎも1人の投手が何連投もしなくても、登板が集中して疲労してきていると思ったら、ベンチから外したりしながら、場合によっては登録を抹消して10日間リフレッシュさせるなど、うまくローテーションしていくことができるのです。そうやって、シーズン143試合を戦い抜かなくてはなりません。

岡田監督は今季、そういう投手の運用が抜群にうまかったと思います。どの投手も極端に消耗させることなく1シーズンを乗り切りました。

岡田監督のすごみは「8月」にあり

とくに7月のオールスター明け。7月28日からの1カ月間は、今シーズンのかなり重要なポイントになっていました。その間には8月の高校野球で甲子園球場を使えない長期ロードも入ってくるのですが、そこで岡田監督は中継ぎを9人抱えながら戦っていました。

つまり、野手の人数を削らずに17人入れたままで、先発ローテーションに5人を固定させながら、6枚目の先発を「投げ抹消」などを使ってやりくりすることで、中継ぎを9枚入れられるようにする。なおかつ、疲れている投手が出てきたら、上がり（ベンチを外す）にして、残り8人で試合をやりくりする。

これはすばらしいことをしているなと思いました。この投手運用で、8月の成績は18勝7敗という圧倒的な数字を残しました。それがあったから、9月になって全然ムチを入れなくても、馬なりの状態で戦って連戦連勝。あっさり優勝を決めてしまいました。私が、今年の岡田監督の一番すごいと思ったところは、この「8月」です。

先発ローテーションで投げている投手は、8月が一番つらいもの。そこで中継ぎが非常に重要になってきます。中継ぎが頑張らなければいけない「月」なのです。実際に、夏場は伊藤将司投手が二度完投しましたが、先発が早いイニングに失点を重ね、5回前後で降板する試合が続いたこともありました。ということは、中継ぎが毎日、3イニング、4イニングと投げなくてはいけなくなる。でも、それが「8月」なんです。

夏場の暑さのなか、セ・リーグは屋外の球場も多く、1試合での体力の消耗は大きい。そこまでやってきた疲労も蓄積しています。絶対に先発投手はへバる。そこを、この「中継ぎ9人体制」でカバーしたわけです。

もちろん、8月がそういう状況になることは、百戦錬磨の岡田監督は計算に入れていたはずです。開幕前、岡田監督はシーズンを見越して、「9月が勝負だ」とおっしゃっていました。だから「9月にムチを入れるぞ」と。阪神で育った方ですから、8月には「死のロード」もあって、大変だとわかっている。最近は京セラドームを使えるため、昔ほど日程が過酷ではなくなっていますが、それを差し引いても、やはり8月は投手がシンドい時期なんです。

だから「勝負」のときである9月に向けて、しっかりと中継ぎもコンディションを保たせたいと思ったからこそ、中継ぎの枠を1つ増やして、休みを入れながらやっていたはずなんです。いやはや、お見事でした。

ワンポイントは使わないはずが、島本の好調で臨機応変に

もっとも、それができるだけの投手陣の厚みが、今年の阪神にあったことは見逃せません。1軍で実績のない桐敷拓馬投手や、トミー・ジョン手術明けの島本浩也投手らがシーズン途中から加わり、中継ぎ陣の層を厚くしていました。

このあたりの投手たちは、開幕前からの戦力構想というよりも、試合を消化しながらチームの課題やウイークポイントなどが見えてきたときに、彼らの状態を見て「これ、イケるんとちゃうか」という感じで判断したのだと思います。

実は、岡田監督はキャンプの時点では「ワンポイントなんて使わない。1人1イニングでええやん」と話されていたんです。しかし、実際は島本投手を起用した。島本投手はトミー・ジョン手術明けで昨年から復帰している段階ですから、そんなに無理はさせられない。でも、すごくハートが強くて、ピンチの場面で起用できるタイプなんです。「島本は使えるな」という段階になったから、ワンポイントで起用したり、ピンチの場面に突っ込んでみたりと、使い方を変えてきたのでしょうね。

ファームまで含めた各投手の活かし方を、シーズンを戦いながら見極めている。

そのあたりは臨機応変なんです。

これは桐敷投手にしても同じです。タイプとしては、どう見ても先発型なのですが、今シーズンを戦っていくなかで、先発ローテーションはもうあふれている。順番待ちの状態です。とはいえ「桐敷がいいボールを投げている」とファームの首脳陣から登板のたびに連絡が入ってくる。「さて、どうしようか?」と悩んでいたときに、たまたまフレッシュオールスターで、桐敷投手がリリーフでショートイニングを投げている様子を見て、「これはおもしろい。やらせてみようか」という発想が生まれ、実際にやってみたらハマったわけです。

そういうときに意外と難しいことがあります。実績がない投手はプレッシャーがかからないようなビハインドのゲームで投げればバッチバチに抑えるのですが、いきなり競った場面で使ったらどうなんだろう?――監督は常にそういう不安要素を考えています。野球はメンタル的な要素も大きいスポーツですからね。

ただ、今年の阪神に関しては、シーズン中盤から勝ちが先行してチームの貯金がかなりありましたから、余裕を持って戦えていました。だから、「この点差だし、きょうはガチガチの勝ちパターンの中継ぎをちょっと温存して、コイツを試してみようか」という起用もしやすくなるんです。

選手側からしたら、意気に感じて頑張る。プレッシャーも少ないから、もう「楽しい楽しい」と思って投げて、いいボールがいって抑えてしまう。

そうやって経験を積ませると、チームとして選択肢が増えることになります。特定の投手を酷使する必要もなくなる。そんなふうに、うまいこと回っていたシーズンだったという印象があります。

クライマックスシリーズ（CS）のころには、中継ぎは12人くらいそろっていて、「きょうは誰でいこうか？」みたいな感じでした。先発は余っている、中継ぎも余っているという、最高の状態で最後の勝負を迎えられたと思います。

でも、今年の中継ぎ陣で「実績がなく、いきなり出てきた投手」は、そんなにいないんです。あえて言えば、岡留投手くらいでしょう。桐敷投手にしても新人だった昨年、7試合に登板しています。

ただ、春先から岡田監督は「期待する選手」として、よく桐敷投手の名前を挙げていました。彼らに代表されるように、今の阪神には素材の良い投手が非常に多い。問題はそれをどう活かすかですが、昨年まで実績のある投手もたくさんいたので、やりやすさはあったはずです。

投手陣全体のレベルが高いので、高いポテンシャルを持っている若い投手たちが先輩からいろんなことを吸収してレベルアップしているはずです。そう考えると、すごく高いレベルで競争が行われているチームなんです。

私も7年間投手コーチをしていましたが、その間もずっとチームの投手成績は良かったですから。だから投手陣は、今は言うことなしで、なおかつ来年以降に故障から戻ってくる投手もいますから、しばらくは安泰ではないでしょうか。

2年前はオドオドしていた村上頌樹の開眼

先発投手陣に関しては、村上頌樹投手と大竹耕太郎投手という2人の活躍が大きかったことは、もう誰が見てもわかると思います。前年0勝から、ともに2桁勝利。12勝2敗の大竹投手はチームの勝ち頭で貯金を10つくり、村上投手はシーズン防御率1・75で最優秀防御率のタイトルを獲得しています。

まず、村上投手はポテンシャルがめちゃくちゃ高く、2軍では2年連続最優秀防御率のタイトルを獲って、まさに〝無双〟していました。あとは自信を持つことで一気に変わるとは思っていました。それがいつなのか？　どういうきっかけなのか？　と。

私がコーチをしていた2年前（21年）、新人の年に1軍で2試合先発したのですが、1軍のマウンドに上がると球速が10キロくらい落ちてしまう。ウソみたいな話なんですけどね。1軍に来ても、ずっとオドオドしていて、「大丈夫か？」とみんなが心配してしまうくらい。「打たれたら、また2軍に行かされる」というような、不安とかネガティブな心理の表れだと私は思っていました。本人とも、そういう話をいろいろしていたんです。

昨年、2年目のシーズンはほとんど2軍で過ごすことになったのですが、キャンプでは1軍に呼んでいました。ところが、ブルペンで投げていても集中できない。周りの投手をキョロキョロ見てばかりいるんです。

でも、それがプロの世界なんです。アマチュアではすごい実績があったかもしれませんが、ここに来たら、自分よりも体が大きくて速い球を投げる投手がゴロゴロいる。チャンスなんか最初はそんなになくて、ほぼワンチャンスと言ってもいいくらい。「結果を出せなければ2軍か」と、どうしても考えてしまうでしょう。それは当然のことです。だけど、そこでいかに開き直って投げられるか、というところを私はずっと彼に求めていました。

では今年、何が変わったかというと、環境面ではまず新しい監督が来て、2軍のコーチ陣も投手部門をはじめ複数人が1軍に配置されました。本人も、実績のある青柳晃洋投手と自主トレに臨むなど、新しいものを取り入れようとしていました。これは、環境に慣れてきたということなんです。

今年の春季キャンプのボールを見たら、「ああ、これはいけるわ」と思っていました。「これが2軍の村上のボールだよ」というものを、もうキャンプで見せてもらっていたんです。

ですが、ここまで勝つとは正直言って思わなかったですよ。ましてや1軍でタイトルを獲るなんて。投げるたびに自信をつけていったことが一番大きいんでしょうね。

中継ぎで開幕1軍に入って、先発ローテーションが秋山拓巳投手の不調で1つ枠が空いたことで、お試しで先発起用された4月12日の読売ジャイアンツ戦で7回完全投球。彼は、自分でチャンスをつかんだのです。それで自信をつけて、次に先発した同22日の中日戦は完封でプロ初勝利を挙げました。

そこからは、もうあれよあれよの大活躍で、開幕から31イニング連続無失点。勢いにさえ乗ってしまえば、こうなるだけの力のある投手だったのです。

技巧派好みの阪神にハマった大竹耕太郎

福岡ソフトバンクホークスから今季移籍してきた大竹投手は、実は矢野監督の時代からずっとほしいと思っていた選手で、トレードの話を持ちかけていたんです。今の阪神の先発投手陣は、技巧派タイプが多い。西勇輝、伊藤将司、青柳、村上の各投手も、どちらかといえば技巧派になると思います。

これは私も同じ意見で、球速よりもコントロールを重視したほうが1軍で活躍できる確率が高くなるというチームの考え方があります。だから大竹投手なんです。それが現役ドラフトという思わぬ形で獲得できたのです。

大竹投手本人も言っていましたが、ソフトバンクは速球派を使いたいという考え方のチームなんです。球団の好む投手のタイプ、カラーみたいなものはあるもの。大竹投手は、需要という点で阪神のほうが高かったということになります。大竹にしてみたら生きる場所が見つかったわけで、まさに水を得た魚でした。

2桁勝利を挙げた3年目の伊藤将司投手も、タイプ的には典型的な技巧派。変化球が多彩で、コントロール命の投手ですから。今年は平均球速が1～2キロ上がっていますが、それでも140キロそこそこ。左投手であることを差し引いても、決して速いとは言えません。

しかし、そのボールを速く見せる技術を持っています。ボールの質がいいですし、チェンジアップやツーシーム、カットボールと変化球をうまく使うから、あの決して速くないストレートに打者がみんな差し込まれてしまう。技巧派の典型、お手本のような投手です。

メンタルの強さという武器もあります。マウンド度胸が良く、まったく物おじしないんです。それはもう、すごいですよ。だから巨人戦に強いし、日本シリーズのような大舞台でも喜々として投げています。どんなときでもストライクを先行させられる。

阪神の投手陣全体の特徴になりますが、伊藤投手はとにかく四死球が少ない。チーム方針としてやっているところでもあるし、各投手がいかに自分のボールに自信を持ってストライクゾーンで勝負できるかというところにもなってきます。伊藤投手はもう、それが一番の強みになっていますね。

村上投手にしても、日本シリーズで自己最速の152キロを出しましたが、基本的には140キロ中盤から後半で、カットボールとフォークボールをうまく使う投手。やはり、技巧派の部類に入りますね。

今の阪神の1軍投手陣で速球派といえるのは、先発なら西純矢投手、才木浩人投手。リリーフなら、今年は故障で苦労した石井大智投手や、湯浅京己投手ではないでしょうか。

足踏みするはずの「10勝目」を一発クリア

村上、大竹、伊藤の3投手が2桁勝利を挙げましたが、私が驚いたのは、彼らがそろって10勝目をマークした9月8日からの広島東洋カープ3連戦です。10勝などの節目の勝利は、どんな投手でも普通はちょっと足踏みするもの。でも、彼らは違った。大竹投手は前回登板で黒星がついたものの、村上投手と伊藤投手は9勝目で2桁にリーチをかけて、一発ツモでした。

あの3連戦は、ペナントレースの優勝争いでかなり大事な試合だった。実際は、追う側の広島が意識しすぎてコケたような部分もありますが、やはり3試合とも1失点でゲームメイクした3投手の好投は大きかった。逆に言うと、チームのことで頭がいっぱいで、自分の2桁勝利は意識があまりなかったのかもしれません。そんなふうに私が感じるくらい、いつも通りに投げられていました。

もちろん、首位を独走して貯金もたくさんある余裕もあったとは思いますが、チームがいくら勝っていても、2桁勝利は意識するものなんですけどね。ひょうひょうと、いつも通り投げていた3人を見て、すごいなと思いました。

投手陣に関して、もし岡田監督のなかで誤算があったとしたら、中継ぎで実績があった湯浅投手と浜地真澄投手の故障でしょう。先発だったら、開幕投手を任せた青柳投手と西勇輝投手。でも、2人とも最終的に8勝しています。さらに村上投手と大竹投手が出てきたことでお釣りがくるくらいにカバーして、中継ぎは実績のあるメンバーと桐敷投手のような新しい選手をうまくやりくりして乗りきった。全部がうまくいっているからこそ、ぶっちぎりで優勝できるんですけどね。

金本が変革し、矢野が育て、岡田が仕上げた

今年の優勝をもう少し大きな視点で見たとき、岡田監督がすばらしい監督であることはもはや疑う余地もないのですが、前々任の金本監督、前任の矢野監督の下で7年間コーチをやらせていただいた私としては、その7年間の功績に目を向けてほしいという気持ちもあります。

阪神というチームは、ある時期からFA補強で選手をどんどん獲ってきて、それが勝つための近道なのだというような考え方の時期もありました。結果として、岡田監督の前回の監督時代以降、長く優勝から遠ざかっていました。それを変えたのが金本監督でした。「これからはドラフトで素材のいい選手を獲って育てていくんだ」という新たな強化方針を打ち出し、それを引き継いだのが矢野監督。それが7年間でチームに浸透し、今のチームはかつてとは顔ぶれがガラッと変わりました。

レギュラーの野手や中心になっている投手のなかで、FA補強組は西勇輝投手くらい。あとは全員、ドラフトで獲得して育ててきた選手たちなのです。

だから、ドラフトで戦力補強がうまくできていたことが今年の優勝の大きな要因の1つでしょう。FA頼みでやってきて若手が育っていないと、主力投手が衰え始めたら一気にひずみがきてしまいます。気がついたら、「おい、誰もいないぞ」という状態になってしまう。育成ができていなかった代償なんですよ。つまり、世代交代の入れ替わりができていない。

投手陣全体でベテラン、中堅、若手と、バランスの良い編成にしなくてはいけない。そうすれば、ベテランが落ちてきたと思ったら、次は中堅の選手たちが引き継いで、彼らが今度はベテランになって引っ張っていく。そうやって循環していくものなのに、実績のある顔ぶれがごっそりといなくなって、いきなり若手だけになってしまったら、監督やコーチが何をしても、どうしようもなくなってしまう。

阪神が大山悠輔選手を16年ドラフト1位で指名したとき、彼は大学時代に派手な実績を残した選手ではなかったため、「1位でなくても獲れたのではないか」などと言われたこともありました。でも、金本監督が惚《ほ》れ込んで、絶対に他球団に獲られないようにと1位で指名し育ててきて、今では4番を任せられる選手になりました。これひとつ取っても、方向性が間違っていなかったということの証明ではないでしょうか。

今年の阪神のラインナップを見てください。1番（近本光司・18年）、3番（森下翔太・22年）、4番（大山）、5番（佐藤・20年）と野手の半分がドラフト1位です。本当に見事ですよ。それに加えて、中野拓夢選手（20年6位）や青柳晃洋選手（15年5位）のようなドラフト下位指名の選手もバリバリ働いている。中野選手は、オフには年俸1億円を超えちゃうでしょうね（笑）。

そう考えると、金本監督と矢野監督が獲ってきて辛抱強く起用し育ててきた選手たちに、岡田監督は〝勝つ野球〟を教えたのだと私は思っています。まさにホップ・ステップ・ジャンプではありませんが、岡田監督が「仕上げ」をした。いい素材の選手を獲得して育ってきたから、あとはもう野球観を養うというか、「勝つためにはこうしなきゃ」という教えを、岡田監督がやってきた1年でした。

昨年までも、もちろん「勝ちたい」と思ってやっていました。加えて、矢野監督は「この選手の良さを活かそう」という考えで、「とにかく積極的にやっていこうぜ」「失敗を恐れるな」という意識づけをしてグラウンドに送り出していました。それが今は、岡田監督が勝ちにこだわって厳しい野球をやっています。

私がコーチとして入団したのが8年前。今はもう退団してしまいましたが、この8年間のなかで、うまくバトンが渡ってきているなという印象があります。球団を挙げて10年がかりでつくり上げてきたものに、最後の味つけ、仕上げを岡田監督がされたということになります。

岡田監督の〝野手陣の意識改革〟と藤川球児の〝遺産〟

今年の阪神のチーム成績をもう一度見てください。投手に関しては、実はほとんど変わっていません。新しい顔ぶれが出てきましたが、数字は前年とほとんど同じなんです。チーム防御率が前年(22年)の2・67に対し、今年は2・66。総失点数が22年の428から今年は424。ここ何年間かずっと非常に安定した数字を残してきました。

ただ、野手は変わりました。顔ぶれではなく、意識です。四球の数が前年の358から今年は494に急増しました。チーム打率は22年が2割4分3厘、今年は2割4分7厘とほぼ変わらないのに、総得点数は489から555と、得点能力がアップしている。安定した投手力を維持しつつ、ポジションや打順を固定したり、得点能力を上げたり、岡田監督による〝野手陣の意識革命〟が、今年の優勝における最大の要因ではないかと私は考えています。

日本シリーズ第7戦。9回裏の守備で2死を取ったあと、この回から登板した桐敷投手に代えて、1年間クローザーとして頑張ってきた岩崎優《すぐる》投手をマウンドに送り出し、胴上げ投手の栄誉を贈りました。岡田監督のすばらしい、本当に粋な計らいだったと思います。

阪神投手陣で生え抜き最年長の優(岩崎)は、20年の藤川球児引退後、投手陣のリーダー、精神的支柱のような存在になりました。

球児がMLBから日本球界に復帰して、阪神に戻ってきてくれたとき、優はまだ中継ぎとしては駆け出しでした。グラウンドで、ブルペンで、球児のことを一番近くからずっと見ていたのが優でした。

私もブルペン担当コーチになって、現役時代はずっと先発でやっていたので、最初はブルペンのことがわからないことだらけ。そこで、何かあったら球児に意見を求めて、いろんなことを教わりました。

球児は技術のことだけでなく、考え方や取り組み方など、常にチームが勝つために「こうしていくべきだ」「こうでなくてはダメなんだ」と、若い選手たちに厳しい口調で言うこともありました。でも、言っていることは本当に正しい。だから私自身、球児が引退してからも、球児の言葉を大事にしながら若い子たちに伝えてきたつもりです。いつの間にか、優も一緒になって、ブルペンを引っ張ってくれる存在になっていました。球児イズムの継承者なんです。

また、今の優の姿を見て、次のリーダーが育ってくるはずです。これは私も所属したことがある阪神という歴史のあるチームの、すばらしい伝統だと思っています。

（構成／矢崎良一）

第4章

85年と似ている、「守りで攻める」最強の戦術

吉田義男 Yoshio Yoshida

1933年7月26日生まれ、京都府出身。京都府立山城高校、立命館大学を経て、53年に阪神タイガース入団。盗塁王2回、最多安打1回、ベストナイン9回。69年に現役引退し、以後75～77年、85～87年、97～98年と3回阪神の監督に就任。85年に球団初の日本一に導く。92年には野球殿堂入りを果たす。

第7戦のリクエストは岡田監督のファインプレー

日本一の瞬間は自宅のテレビで見届けました。おめでとう。よかったなあ。日本シリーズは第1戦から第7戦まで、ずっと見ていました。

リーグ優勝のときもそうしたのですが、勝った瞬間、岡田監督の携帯電話にメッセージを入れました。「岡田、日本一おめでとう。また電話します」と。勝った直後なので、もちろん電話には出ませんでしたけどね(笑)。

球団初の日本一になった1985年から38年。長かった。85年は、今の選手は誰も生まれてませんからね。あの年以来、公私にわたって付き合いのある岡田監督が阪神を蘇生させてくれた。苦楽を共にした仲間がこうして脚光を浴びるのは、非常にうれしいことです。

第7戦は5回に、岡田監督がアピールしたでしょう。1死一、二塁の場面で、中野拓夢選手の遊ゴロで「6－4－3」の併殺かと思われましたが、一塁のアウト判定についてアピールした。リプレー検証の結果、判定がセーフに覆りました。あれがファインプレー。ゲッツーで終わったかもしれないところがセーフになって、それから3連続タイムリーで3点を取り、6－0と突き放した。あのリクエストは岡田監督の〝ヒット〟ですよ。

岡田監督も采配が光りましたし、選手は近本光司選手が日本シリーズMVP。年間を通して投手陣も良かったし、選手みんなが力を出しきったのだと思います。

第4戦の「湯浅の1球」

第3戦までは、岡田監督にちょっと迷いがあったと思うんですわ。とくに投手起用では、第2戦、第3戦でそれぞれ西勇輝投手、伊藤将司投手が先発しましたが、2番手の継投に珍しく外国人投手を使ったでしょう。

甲子園最初のゲームとなった第3戦は4－5で敗れました。2番手投手のブルワーは1－4で迎えた6回からマウンドを引き継いで、そこで5点目を失った。打線が7回には3点を返しているから、5点目の1点がこたえているんですよね。

そういうこともあって、岡田監督は第4戦、投手陣から外国人選手を外しましたね。桐敷拓馬投手や石井大智投手、島本浩也投手を使うという普段通りの継投にした。これもひとつの決断。岡田彰布監督が自分で決めたのでしょう。

さらに同点の8回には、ケガで6月以来1軍登板がなかった湯浅京己投手を2死一、三塁の場面で使った。どういう球を投げるのかなと興味を持っていたら、1球でセカンドフライに打ち取りましたね。あそこで粘られたりなんかしたら展開も変わったかもしれません。あの1球は大きかった。1球で仕留めて、岡田監督も湯浅自身も、そしてチームも手応えを感じたのではないでしょうか。

9回表はまだ同点で、勝敗はわからない段階でしたが、思いきって岩崎優投手をマウンドへ送った。ああいう場面で岩崎投手を出したんは、今年2回目くらいちゃいますか。それで対戦成績を2勝2敗にできた。

私は、岡田監督が日頃公式戦でやってきたことを出しきってこそ、初めて勝てると思っていましたのでね。その決断を第4戦でしたのではないか。そうすると、相手も思わぬ失敗をするものなんです。

同点の9回は1死から近本選手が四球で出塁して、続く中野選手の打席で相手投手ワゲスパックが暴投2つで1死三塁に。そこから2者連続の申告敬遠で満塁でしょう。今回のシリーズは失策が絡むね。オリックス・バファローズとしては珍しい。あんなことはそうそうないですから、岡田監督が決断したことで運も向いてくるものなのでしょう。この1勝は大きかったんとちゃいますか。

サトテル交代の決断

この第4戦では、佐藤輝明選手を途中交代させました。「6番・三塁」で先発出場しましたけれど、7回に先頭打者の打球をファンブルして、同点に追いつかれるきっかけをつくってしまった。1死一、二塁となってから交代。日本シリーズではここまで15打数2安打7三振でしたからね。こうなると、いいコースに投げられてしまうんですな。

まあしかし、何かを感じて奮起しないといけませんね。新人3年目いうたら、まだ日本シリーズも初体験ですからねえ。思いきりやったほうがいいのですが、うまくやらないといけないという気持ちが強すぎて、自滅してしまった打撃のように思えました。

クリーンアップトリオの3人が大事

第4戦の9回1死満塁では、大山悠輔選手がサヨナラの一打。ストライクを取りにきた、真っすぐやったね。私はね、4番はもちろん打線の中心なんだけれども、4番という1つのポジションを評価するのではなく、〝クリーンアップトリオ〟の3人が大事だと思っています。1人よりも2人、2人よりも3人。チームプレーのなかで、連係も含めて相乗作用を起こすことが大事なんですよね。そういう意味では、今季の阪神打線は前後がまだまだ未完というか、これからです。大山選手もそうですし、3番を打って今回の日本シリーズでは勝ちゲームで活躍した森下翔太選手も、奮起が待たれる佐藤選手もそうです。

読売ジャイアンツを例に挙げますと、強い時期は王貞治・長嶋茂雄、長嶋・王のように入れ替えたとしても、やはり2人で引っ張ったわけです。2人が偉大過ぎて、5番がなかなか育たなかったということもありましたが、2人の力というのはものすごく大きいですよね。

阪神が日本一になった85年、バースが3番、掛布が4番、岡田監督が5番。4月

17日の巨人戦の「バックスクリーン3連発」もありましたが、相手の監督はそれまで掛布にものすごく痛い目に遭っている。79、82、84年に三度本塁打王になっているという先入観がありますよね。相手投手は掛布が怖いから、3番・バースで勝負をしてくれた。それがいい方向にいった。私はそれが非常にうれしかったね。4番というのは、相手チームが怖いと感じる存在感。無形のパワーがあるんです。

大山は今年1年間4番。相手が怖がるような存在に、これから成長していくと思います。そういう4番になってほしい。

岡田監督が信頼してシーズンを通して4番に固定したことも、優勝につながったんじゃないですか。大山選手個人の打撃という点では勉強することが多々あると思いますけれど、投手が良かったことで、打者を年間全試合出場させるような使い方ができたという側面もあるでしょう。

自分の役割を果たした投手陣

岡田監督の第一次政権となった2005年のリーグ優勝は、やはり圧倒的な後ろの3人、ジェフ・ウィリアムス、藤川球児、久保田智之の「JFK」をつくったことが原動力ですね。岡田監督が当時、いつも口にしていたのは「野球はラッキー7」。7回というものは、打者も4回り目になって、そのゲームで一番盛り上がってくる。そこを抑えれば、勝利につながるという考え方。だから、そこに力を入れて「JFK」をつくり上げた。

今季は投手陣の先発を整備して、ペナントレースのローテーションの基準になった使い方で成功した。投手は先発、中継ぎも含めて自分の役割を果たしたんじゃないでしょうか。

先発が主に7〜8人おったでしょう。村上頌樹、大竹耕太郎、伊藤将司、西勇輝、青柳晃洋、西純矢、才木浩人ら各投手。軸になったんは、昨季までは1軍にいなかった2人が合計22勝。やっぱり、10勝・村上と12勝・大竹の両投手です。

中継ぎもようやった。結果的に岩崎優投手が35セーブでタイトルを獲得しましたが、岩貞祐太、桐敷、石井、島本、加治屋蓮ら各投手も登板数が多い。総合力のある投手陣で35もセーブがつくというのは、大したもんですよ。チームも貯金32で、

9月の20日を待たずしてリーグ優勝が決まるなんて独走に近い。

開幕戦で見えたライバル・DeNAのかげり

開幕は青柳投手でしたが、相手の横浜DeNAベイスターズは、青柳投手を打つために左打者を8人並べました。右打者は牧秀悟選手だけで、3年連続打率3割の主力・宮﨑敏郎選手を下げましたが、そこにチームの考え方が出たと思います。左打者を並べたから攻略できるという、そんな甘いもんじゃないですわ。あの開幕戦を見て、私はDeNAの優勝はあかんなと思いました。選手がやるのですから、主力を信頼しないと。

ペナントレースを制するには、抜本的なチームの骨格をつくっていかなければいけない。DeNAは首脳陣が選手をガッと掌握して奮い立たせるようには見えなかった。巨人は原辰徳監督が苦しんでいた感じですしね。

広島は、岡田監督が第一次政権で指揮を執ったときに選手だった新井貴浩監督ですから、そらいろんなことも知っているでしょう。でも、規定打席に足らん選手が

4番を務めているようではね。ある程度はいきますけど、優勝するには戦力不足となる。

1985年はセンターラインの固定から始まった

85年に日本一になったチームも、ある程度ポジションを固定していました。預かった選手の力をうまく出しきれれば、優勝争いに割って入ることはできるという感じでやっていました。1番・真弓明信、2番が弘田澄男か北村照文、3番からバース、岡田監督、掛布雅之、佐野仙好。そして平田勝男、木戸克彦で安定していましたからね。それほど私が作戦を考えなくても、選手たちがやってくれました。

当時は「センターラインの確立」を求めていて、そのなかで捕手は扇の要ですからね。捕手には笠間雄二、山川猛がおったのですが、私もその前年まで解説者をしていたから戦力がだいたいわかっていたので、捕手の強化がポイントだと考えていました。

捕手は投手を盛り上げていく要。女房役として、打てんでもいいからまとめることが大事。その意味で、プロ3年目の木戸はPL学園、法政大学出身で、両方でキャプテンも務めていた。プロではまだ実力を発揮できずにいたから、何とかして彼の能力を伸ばそうと決め込んでね。嶋田宗彦が社会人から入団してきましたし、今だから言えるけれど、笠間には「現役を退いてコーチになれ」と。

木戸とはよく話し合って、「打てなくてもいいからまとめてくれるか」と仕事を任せました。監督に就任して「お前、来年使うぞ」と言ったら、不思議がっていましたね。半信半疑だったんちゃいますか。

85年と同じ「二遊間の固定」

あとのポジションも、本人と話し合いました。真弓は打撃はええけど、守備位置は二塁手をやったり、外野に行ったりしていたので、私の考えとチームの方針をしっかり本人に伝えたら、「ゲームに出られるならどこでもいいです」と言ってくれて、すっと右翼手に決まった。そこで、平田勝男を遊撃手に固定できました。

岡田監督も当時は外野をやったりしていたんですわ。股関節を痛めた時期だったかな。で、「もう1回（内野で）どうか」と言ったら、「二塁でやります」と。「ほな、挑戦せえ」ということになりました。健康管理を担当していた猿木忠男トレーナーも、内野を見ていた一枝修平守備コーチも大丈夫だということで。岡田監督はそれでずいぶん練習したと思います。で、やっぱりカムバックしてくれましてね。そういう話し合いを経てセンターラインが決まったんです。

今季も、中野選手を二塁に、木浪聖也選手を遊撃に固定しました。似てるいうたら変ですけども、そんなことが共通しているような気がします。やはり、二塁・遊撃というのは、バッテリー以外に一番球がよく飛んでくる。そこでゲッツーができないといけません。今季、阪神の併殺奪取数130は12球団トップ。岡田監督は、投手をどうディフェンスしていくかという内野手の重要性を熟知しているということです。

「守りで攻める」は強いチームの証し

私の原点「守りで攻める」――現役時代、巨人戦で経験したことです。選手としても、監督としても、巨人の強い時期を味わいました。堀内恒夫、森昌彦（現・祇晶《まさあき》）、王、長嶋、土井正三、黒江透修《ゆきのぶ》……。たとえば、甲子園で１－０で勝っているとしますわね。ほんで、まだ阪神の攻撃でありながら、巨人は打者１人に対して野手が全員で連係して、圧力をもってガーッと〝攻めて〟くる。相手投手の堀内も打者と対戦するにあたって、バントをさせて二塁で（走者を）殺すとか、内野手総出で連係してくるのです。

「守りの攻め」というか、気持ちのうえでも、守備隊形にしても、実際にかつての巨人がやっていたんですよ。それを見てますからね。守りは攻めないといかんです。守備についている者が「どうしようどうしよう」「飛んできたらどうしよう」と思っていたら、やっぱりエラーしますわ。打たせて「俺んとこに来い！」という攻めの気持ちが、守備をするうえではものすごく大事なことなんです。

守備練習は打撃に相乗効果をもたらす

守備練習は、打撃にも生きるんですよ。私が最初に監督を務めた75～77年、その最初の年に掛布はプロ2年目やった。74年の秋にお父さんと話したことがありましてね、「うちの雅之は何事にも耐える人間に育ててますから、どうかレギュラーにしてください」というようなことを聞いたんです。それを頭に入れて掛布を見ていたら、やっぱり「何事にも耐える」掛布でしたね。どんなことがあっても練習もよくしていました。

監督に就任してみると、75年は「相撲部屋」と呼ばれるくらい選手がみんな太っとったんですわ。そこで、陸上競技の元中距離選手で、京都の高校の先生をしていた中川卓爾《たくじ》をトレーニングコーチとして強引に引き抜いてね。選手たちを入団したときの体形に合わせるくらい、ものすごく走らせたんです。甲子園の内周はだいたい400メートルくらいある。それを10周走らせると、いつも掛布がトップでした。ものすごく頑張り屋で、守備練習でもよく球を受ける。それで成長していったんじゃないですか。昔やったからやれたということじゃなく、私はそんなもんが今も必要じゃないか思いますけどね。

サトテルにも「守備練習のススメ」を

佐藤選手もそうですよ。「打てない打てない」と言われますが、守備の練習をもっともっとやって下半身を鍛えること。そうすれば、あの大きな体でバットを自由に振れる体に自分でしていくことができる。落合博満もよく言っていた。守備の練習からやって三冠王になったと。落合もやっぱり、よう守備の練習をしたんじゃないですか。

守備は大事です。佐藤選手は肩もいいし、ボールを受けてもっと鍛えればね。一流になっている選手は、みんなそうですよ。

ちょっと違う例ですが、かつて大毎オリオンズ、阪急ブレーブスから近鉄バファローズ(いずれも当時)の監督になられた西本幸雄さんの例を挙げますとね、あの方はいろんなことがあって阪急から近鉄の監督になられたでしょう。選手から排斥運動を起こされるくらいスパルタでやっていたけど、阪急のオーナーが西本さんをバックアップしてね。今は制度が違うから無理かもわかりませんけれど、シーズンオフは西宮球場の室内練習場でこれから伸び盛りの長池徳士、大熊忠義、福本豊、加藤秀司、阪本敏三とか、そういう選手を昼夜の別なく練習させたことがありました。当時の西宮球場には、シャワーとかの施設もなかったのにね。

私、忘れもしませんわ。春のオープン戦になったら、阪急打線は前年とまったく違う打球を打っていた。それがやっぱり阪急の全盛期。当時は、指導者がある程度強制的にやらせることが許される時代でしたから。今はもう、そういうことやっちゃいけないでしょ。でも、「匠」に値する人物は大事だと思いますよ。そうすると、ものすごく伸びていく。

選手にも、やっぱり涙は必要でっせ。ただし、岡田監督が見ていないところでの涙ですよ。それからひと皮むけていくんじゃないですかね。

85年の大ピンチに岡田監督が開いた決起集会

もう、付き合いは85年以来です。岡田監督が27歳のときだね。あの年、岡田監督は一番若くして選手会長になったんです。一人息子で多少わがままなところはあったかもしれないけれど、全体を見る力を持っていたんちゃいますか。早稲田大学でキャプテンを務めたのも、周囲が認めるからなれるのであって、自分がなろうと思ってもなれませんから。だから、掛布、真弓、佐野のほうが年上ですが、岡田監督にはリーダーシップというか、まとめる力もあったのでしょう。

球団初の日本一になった85年。球団社長の中埜肇さんが8月12日に群馬・御巣鷹山での日航機墜落事故で亡くなられて、翌13日から6連敗した。そうしたら、岡田監督が選手みんなを集めて決起集会をやった。あとで知ったときは、うれしかったですよ。苦労しているときに、選手たちが「頑張ろう！」と一丸となって臨んでくれた。それが人との信頼関係です。

選手をまとめるためには「信頼関係」が大事

チームワークはもちろん大事ですが、プロ野球というのは「チームプレー」。たとえば、アマチュアでは遠征先のホテルでみんな一緒に食事をしてチームワークが生まれるものですが、プロはそうでもない。85年は、宿舎の食事会場で夕食を取った選手はごくわずかですよ。みんな友人や仲間と外に食べに行っている。もちろん門限とか最低限のルールはありましたけど、私もとくに規制はしませんでしたし、まったくの自由でした。

それよりも、グラウンドに入ったときに、「チームプレー」としていかにまとまるかが大事。巨人の強い時期も、よくそういう話を聞きました。チーム内で全員の仲が良かったわけやないとかね。でも、いざ試合となれば力を合わせる。プロ野球はそれでいいんじゃないですか。

話し合うことで信頼関係が生まれてきます。監督自身が、自分の方針、俺はこう思ってる、野球選手はこうであれ、みたいなことは、やっぱり伝えて選手と話し合うことが大事じゃないですかね。

吉田監督にもあった「若気の至り」

私が最初に監督になった75年は、42歳の年。若気の至りはありました。自分の喜怒哀楽をはっきり出して、イスを蹴り倒したりもしました。

2回目の85年は52歳の年。年齢を重ねたことで、選手への伝え方にしても、最初の経験が多少生きたように思います。最後はやっぱり信頼関係なのだと。選手を信頼することで、時に非情な交代をするにしても、相手の受け取り方が変わってきますのでね。

チーム方針にしても、私は同じことを言い続けました。「一丸になれ、挑戦しろ、力を出しきれ、当たり前のことを当たり前にやれ」——。選手たちは『また同じことを言っている』というような顔をしていましたが、一方で安心もするのだと思うんです。言葉に出したことは必ず実行しなければいけない。選手にいいことを言って、自分が違う行動をしたのでは、選手は信頼してくれませんのでね。

今季は選手、そして首脳陣にも、岡田監督との信頼関係がありました。明るい平田ヘッドコーチも、厳しさを持ち合わせている。その平田ヘッドが全面的に岡田監督を信頼して、バックアップして。その方針に従って選手を扱ってるんじゃないですか。

岡田監督から信頼を受けている今岡真訪《まこと》打撃コーチも、試合前に選手たちを練習させていると聞いたことがあります。岡田監督が２００５年当時、鳥谷敬選手を試合前に報道陣から見えんように練習させていたようにね。

気持ちが通じ合った「師弟」

私が、そして彼がユニフォームを脱いでいた時期も付き合いは続いていて、ずっと苦楽をともにしてきた仲間という気持ちがあります。私生活でも、ゴルフも私が入っているクラブに来ましたし、そこで共通の仲間もできますしね。暗黙のうちに気持ちが通じるものが生まれていったんじゃないかと思います。

周囲の人たちも岡田監督に何かを感じて、全国あちこちに〝岡田を励ます会〟ができるようになりました。私の出身地である京都も含めて兵庫・西宮、ほかに北海道にもあるんじゃなかったかな。

05年にリーグ優勝したからできたわけじゃないですよ。京都の会「メンバーズ80・岡田会」は、岡田監督が04年に阪神の監督になったときに、京都の阪神ファンが、私の学校関係も含めて彼を盛り上げようということでね。京都大学医学部の先生たちが中心となって、18年にノーベル生理学・医学賞を受賞した本庶佑《ほんじょたすく》京都大学特別教授が発足当初から会長（23年11月現在）でね。岡田監督がオリックスに行ってからも、ずっと続いていて。今年も12月にたくさんの人が集まってやるようですよ。彼にはそういう信頼関係のある人が集まった会が、あちこちにあるんちゃいますか。

岡田監督は激しさを持ち合わせている

岡田監督はわりあい、思ったことをはっきり言う。誰に対してもね。私と2人だけだったらいいですけれど、以前はほかの人もいるなかで誰かを褒めたり批判したりすることがあって、「人のいるなかで、そんなこと言ったらあかんぞ」と強く言ったことがあります。周囲が耳をそば立てて聞いてますんでね。

岡田監督は激しさも持ち合わせている。リーグ優勝した05年、9月7日の中日ドラゴンズ戦はあわや放棄試合になるところでした。9回裏に相手のきわどい本塁突入がセーフ判定となった。忘れもせん、私はラジオで解説していたんですよ。平田勝男ヘッドコーチが岡田監督よりも先に球審へ突っ込んで退場になって、岡田監督は猛烈に抗議して選手全員をベンチに引き揚げさせた。

ちなみに、阪神は昭和29年（1954年）7月25日の大阪球場で中日と放棄試合をしとるんですわ。当時は甲子園にまだナイター設備ができていなくて、大阪球場やったんです。ストライクかボールの判定で揉めてね。そんな話を2005年の放送席でしたら、若いディレクターが「そんなこと知ってはりますの」と、えらい喜んどったなあ。

「大人になった」岡田監督

今回監督になったときは、以前よりひと皮もふた皮もむけていたのだと思います。いろんな経験や反省があったのでしょう。〝励ます会〟を含めてさまざまな業界の一流の人たちと接するなかで、自分を磨いていったんじゃないですか。ああ、岡田もドンと構えているし、大人になったんちゃいますか。知らんうちに65歳やなあ。

今季もね、選手たちにはっきり、パッパッと言ってるんじゃないですか。選手にとって、ゲームに出してもらうことが一番大きな信頼関係の証し。野手は固定したし、投手ではとくに若い投手が出てきたことが選手との信頼関係につながっていると思います。

23年の日本シリーズの第2戦でも、1回に一塁線への打球のファウル判定に抗議しました。そういう姿勢を選手は見ていますからね。「この人を信頼したら幸せになる」と、選手が肌で感じたんちゃいますか。

これは1つの例であって、金銭面においてもそうです。今まで2軍だった選手は1軍登録の日数で年俸に上乗せされるし、年俸以外にも報奨金が出る。その額が高くなっているので、極端に言えば決まった給料よりも数倍を手にしたり、初めて見るような金額を手にしたりした選手もたくさんいると思いますよ。選手をやる気にさせたという相乗作用は大きかったでしょう。

歴史上の「名将」の仲間入り

一丸野球で若い選手たちが力を全部出しきることができた。シーズンを通して、岡田監督の采配が光りましたね。私は岡田監督のことを信頼していましたから、必ず勝ってくれると信じていました。

12球団の監督で年長者というだけではなく、「名将」になった気がします。昔の西鉄ライオンズ(当時)を3連覇、大洋ホエールズ(同)を初優勝に導いた三原脩さん、巨人の第二次黄金期を築いた水原茂さん、阪神と巨人をはじめ5球団で29年間にわたって指揮を執られた藤本定義さん。南海ホークス(当時)を黄金時代に導き、プロ野球史上最多勝(1773勝)監督の鶴岡一人さん、巨人のV9時代を指揮した川上哲治さん。

我々の時代では近鉄バファローズとオリックス・ブルーウェーブ(いずれも当時)を優勝に導いた仰木彬、西武ライオンズの黄金時代をつくった森祇晶、ヤクルトスワローズ、西武を日本一に導いた広岡達朗さん。そのなかに入っていくのは岡田監督だけ——と言うたら、原辰徳もいるから、ほかの監督に失礼やけど、それぐらいの名将になったね。

来季の課題は長距離砲の育成

まあしかし、やっぱりこれからです。今季は順風満帆であっても、来季はぶつかる壁もあるでしょう。

打線については、長打を打てる選手を育てること。大山選手、佐藤選手のような長打を打てる打者を。

今は、昔と違って外国人選手の補強が難しくなってきました。大リーグを見ていると、ドミニカ共和国やキューバなどの中南米の選手たちが数多く活躍している。だから、日本に来る中南米の選手はその次のレベルになってしまう。

即戦力になる選手の獲得は非常に難しい。素質のある選手を日本に呼んで育てて主力にするという流れになっている。これだと、やっぱり時間がかかります。だから、補強は日本人選手の育成とＦＡの使い方にかかってくる。

長打を打てる選手として期待するのは、今季3番を打った森下選手はどうやろな。彼が大きく育つには、コーチの手腕にかかってくるように思います。ボールを振らないということを、どうやって本人に教えるか。やっぱり長打を打つにはストライクでっせ。ボール球はなかなか本塁打も打てんし、安打にもしにくいからね。
私は今年90歳になりましたが、寄る年波には勝てませんから、自然に生きることを心がけています。阪神はファンとチームが一丸となって強くなっている唯一の球団。岡田監督にはぜひ、黄金時代を築いてほしい。私も長生きして、阪神、オリックスの健闘を静かに見守っていきたい。そう思っています。

（構成／丸井乙生）

第5章

「四球」と「守備」を重視、〝岡田語〟の意味と意図

赤星憲広 Norihiro Akahoshi

1976年4月10日生まれ、愛知県出身。大府高校、亜細亜大学、JR東日本を経て、2000年にドラフト4位で阪神タイガース入団。01年に盗塁王と新人王。以後、セ・リーグ新記録となる5年連続盗塁王を獲得。ベストナイン2回、ゴールデングラブ賞6回。09年に現役引退し、現在は野球解説者、タレントとして活躍。

岡田監督の今季の基本方針は「四球」と「守備」

岡田彰布監督が就任されて、僕も今年の春季キャンプに臨時コーチで行かせていただきました。そのとき、岡田監督がミーティングで選手たちに言っていた内容の1つが「四球」。塁に出られるのは安打と一緒だから四球を取りにいこうということ。あとは、とにかく「守備」ですね。

岡田監督が選手として球団初の日本一に輝いた1985年もそうでしたが、打てるチームでありつつ、守りに重点を置いて、守り負けないようにという方針だったと聞いています。僕が現役選手のとき、岡田監督からもずっと言われていたこと。それを徹底しようということで、春季キャンプから、もうとにかく守備に重きを置いていました。

難しいことではないけれど、基本的なところを徹底したのです。たとえば、外野手はしっかりカットまで練習、ひたすらシートノックとか。試合形式のノックにしても、まず外野手はカットまでしっかり実践する。捕ってから早く投げよう、ということもやっていました。

就任されての方針は、大きくはこの「四球」と「守備」だったと思います。とにかく攻撃面は四球、守備はしっかり。内野手では、ダブルプレーをしっかり取ろうということです。その部分をひたすら徹底してキャンプでやっているなかで、それがうまく浸透して、全部結果として出ました。

もちろん「やれ」と言われて、すぐできる問題ではないのですが、ここ数年でずっと試合に出ている選手も多く、個々の選手たちが着実に力をつけてきているなかで、岡田監督がこれだけはやろうと言ったことを、まず選手たちが受け止めていた。監督・首脳陣と選手との意思の疎通、そういうことがしっかりできたからこその優勝だと思います。

「JFK」構想も想定外——それがハマった

今季の「投手力」「攻撃力」「守備力」において、僕の予想では「投」が完全に抜け出すとみていました。ですが、投手陣だけではなく、走攻守ともにオールマイティーに全部よかった。

岡田監督にとって、おそらく今季の投手起用の仕方は、想定外だったと思います。間違いなく、2005年リーグ優勝のときに必勝パターンだった「JFK」(ジェフ・ウィリアムス、藤川球児、久保田智之)のような形をつくりたかった。

後ろ2枚は岩崎優投手をセットアッパー、湯浅京己投手を抑えにして、という構想を描いていたと思います。もう1人、7回に投げる選手がシーズン中に出てくれば最高だなと思っていたと推測しますが、湯浅投手がケガをしたことによって、すべてのシナリオが崩れた。

もう1つ、岡田監督が考えたのは、「JFK」のときに彼らを酷使した部分があったことだと思います。当時は競っている試合はもうすべてが「JFK」だったので、彼らの登板数がすごく増えてしまった。3人に託せば大丈夫という高い信頼感があったからなのですが、監督業を離れられてから、すごく気にされていた部分だと思うんです。だから、今年に関しては、登板過多にならないように考えながらやろうと想定されていたのではないでしょうか。

必勝パターンの構想が崩れたことによって、途中から岩崎投手が一番後ろを務めることは固定しましたが、それ以外は固定しなかった。監督にとって湯浅投手の離脱は想定外ではあったけれど、それを補って回せる投手の数がいた。勝ちパターンであっても競っている場面であっても、いける中継ぎ投手がそろっていたことで、あまり連投にならないように考えながら、「ＪＦＫ」のような必勝パターンを決めずにいったことが結果的にハマったのです。

シナリオが崩れかけたところを救える選手がたくさんいた

先発投手にしても、岡田監督が当初考えていたこととは違う方向性になったと思います。青柳晃洋投手と西勇輝投手に期待をしていたけれど、この２人がまさかの不調。

でも、春季キャンプのときから、坂本誠志郎捕手、梅野隆太郎捕手が「村上（頌樹）は今年いいよ」と言っていました。岡田監督は村上投手に関してある程度、今年１軍で使うことは計算していたと思いますが、村上投手、そして大竹耕太郎投手がここまでやってくれるとは想定外だったでしょう。

青柳投手と西勇輝投手の調子が悪かったところを、村上投手と大竹投手が埋めてくれ、さらに補って余りある活躍をしてくれた。

これは投手陣みんな、個々の頑張りがあったからこそ、監督のシナリオが崩れかけたところを救える選手がたくさんいたからです。長きにわたって優勝こそできていませんでしたが、ここ数年間の金本知憲元監督、矢野燿大前監督のときから若い選手たちをどんどん起用したことで、上位争いできるような力を選手たちがつけていた。だから、岡田監督にとって、選択できるピースがたくさんあったことはすごく良かったと思います。

四球、得点、ダブルプレーは12球団トップ

攻撃陣では、急にチーム打率を2割7分まで上げられるわけではないので、岡田監督は「四球を選ぼう」とおっしゃったのだと思います。今季のチーム打率2割4分7厘は、セ・リーグで2位タイ。チーム打率はトップではないのに、494四球、555得点の数は12球団でもダントツ。岡田監督が目指している野球はそういうこ

となのだと思います。攻撃に関しては想定以上の成果を得た。本当は投手力で勝ちたかったと思うんですよね。

投手力においては想定外のことが起きましたけれど、それを支えたのは春季キャンプのときからやっていた守備力。阪神は22年の失策数が12球団ワーストタイの86だったこともあり、守備力がひとつの課題でもありましたが、そこもきっちり埋めることができました。

中野拓夢選手を二塁へコンバートして、木浪聖也選手を遊撃に固定したことによって、明らかにダブルプレーの数は22年の117から、今季は12球団トップの130に増えました。

守備力は併殺と外野の補殺でアップ

投手、攻撃、守備を10段階で想定するとしたら、当初は投手力を10、攻撃力を6〜7、守備も頑張って6〜7ぐらいまで上げることができれば優勝できるのではないかと思っていました。

すると、攻撃力では四球を選ぶ力が予想以上にアップして、「8」ぐらいまでもっていくことができた。

守備力も想定以上。内野では先ほど挙げたゲッツーもそうですし、外野ではノイジー選手がリーグトップの補殺12、ルーキーの森下翔太選手も補殺5をマークするなど守備が安定したことで、想定の6〜7から「8」までアップした。

投手力に関しては「10」を狙っていたけれど、想定外のこともあったなかで、ほかの選手たちがしっかりその穴を埋めてくれて、「9〜10」のところまでもっていけた。

つまり、トータルバランスが結果的に全部集約されたから優勝できたのだと思います。

岡田監督は多くを語らない

僕らが現役だった時期と、岡田監督は大きくは変わっていないと思います。もちろん厳しい部分もたくさんありますし、多くを語らない。多くを語るときは、監督からコーチにいろいろ指示があって、選手に伝わるということが多かった。それに関してはまったく変わってはいないです。

ただ、決定的に違うのは、監督が選手とコミュニケーションを取るケースがけっこう増えたこと。余談も含めて、直接しゃべる機会が増えたと思います。

今年のお正月に、スポーツ新聞紙上で岡田監督と新春対談をさせていただいたとき、「監督、何か変わることはあるんですか」と聞いたら、「俺も監督から離れてだいぶ時間が経っている。お前のときだったら、とくに言わなくてもわかっていただろうけど、今の選手たちは俺の考えもわからないだろうし、時代も変わってきているから、多少なりともコミュニケーションを取らなあかんやろな」とおっしゃっていました。

ただし、野球に関しては今までと同じように、コーチにしっかり指示をして、コーチが選手たちへ詳細を伝えるという形は変えていなかった。もちろん、監督自身が持っている「監督像」はあると思いますが、時代に即して現代ふうにちょっとアレンジした指導の仕方をされていたんじゃないかと思います。

核心だけを短く伝える〝岡田語〟の真実

岡田監督ならではの言葉には、僕も現役時代はほぼ毎日困っていました(笑)。もう笑い話ですが、「アレ」とか「おーん」という短い言葉をかけられたかと思えば、ぼそっと核心を突いたことをおっしゃるんです。短い言葉と、核心の中間がない。核心を突くときは、なぜそこに行き着いたのかという説明は省き、結論の言葉を短くポンと口にする。だから選手は、監督が何を伝えたかったのかを自分で考えなくてはいけません。

あるとき、試合前に「お前、きょうはアレやから」とだけ言われたことがあったんです。「え?」となったのですが、正解は「試合後半から途中出場させるから」でした。では、なぜ途中出場させるのかというと、とにかく全試合出場してもらわないと困るから、移動ゲームなどの関係で定期的にスタメンから外して〝休養〟を入れる、という意味だったのです。

次に、なぜそのような配慮を考えてくださったのかといえば、当時の僕は体のコンディションがあまりよくなく、ケガもありつつやっていました。それも全部踏まえて、「全試合に出場してもらうために、俺はお前のことを考えているからな」という意味も、すべて含めて「きょうはアレやから」だった。

何度かそういうことがあるなかで、自分で考えたり、想像したりするようになりました。

新聞で監督の意図と想像を答え合わせ

その後、新聞記事を読んだときに、記者からの質問で「きょうは赤星がスタメンじゃなかったですね」と振られた岡田監督は、「おーん、先あるのよ。全部出続けてもらわなあかんのや」と返答されていた。そこで、「やっぱりそうだったんだ」と、答え合わせができました。意味がわかれば、僕のことをちゃんと考えてくださっていたことも伝わってきます。

今の選手たちも、そういう形がけっこう多かったみたいです。記事を見て、「監督、やっぱりそう思ってくれていたんだ」とか「そうだったのか」とか。「だったら、直接言ってくれればいいのに」と選手たちは思っていたらしいのですが(笑)、それも結局、岡田監督がメディアとの関係をうまくやるための1つの方法だと思うんです。

選手に全部伝えてしまったら、選手についてメディアにわざわざ話す必要ないじゃないですか。たぶん、監督はもともと言葉数が少ないかたなので、「選手に伝えたのだから、そんなの、記者の人に言わんでもええやんか」となりそうな気がします。

メディアも味方につける岡田監督の手腕

岡田監督のメディア対応もすごい。シーズン中、どんな状況でもマスコミに対してきちんと答えて、ユーモアも交える。岡田監督ならではのメディア掌握術、これもひとつの技だと思います。

これは、ひとつのサイクルになっている。選手について、マスコミに「ちょっとこうや」という選手への助言、苦言のヒントを出すことによって、マスコミも選手に質問しやすくなる。選手は「監督がこんなことを言っていましたよ」と聞いて、「そうなんだ」ということにもつながる。選手からすると、岡田監督の伝えたいこと、考えていることは首脳陣から言われることもあれば、記者から聞かれることもあるというわけです。

それをあまり好まないチーム、選手もいるかもしれませんが、岡田監督の場合は、このサイクルが非常にうまくいっている。僕らが現役のときから、監督の手法はそうでした。阪神の監督としては08年以来15年ぶり、オリックス・バファローズを含めると11年ぶりの監督就任でしたが、そういうところはあまり変わってなかったと思います。

選手会長時代は〝通訳〟をしていた

僕は岡田監督が指揮を執られていた時期の選手会長だったので、たまに監督室に呼ばれて、いろいろ伝えられることもありました。その指示を考えながら聞き、想像して答え合わせをしていくなかで、監督が伝えたいこと、なぜこれを気にしているのかについて理解できるようになったと思います。

当時は若い選手たちから「赤星さん、監督は何が言いたかったんでしょうか」とよく聞かれていました。「それは自分で考えてみ」とよく言っていたのですが、どうしてもその選手がわからないときには「たぶん、監督はこう言いたかったんだと思うよ」と教えていました。すると、「あ、そういうことなんですね！」。そんなやりとりはけっこうありました。

岡田監督は二手三手、もしくは三手四手、さらに五手先を見通して指揮をしたり、指導したりします。自分で監督が発した言葉を考えながら、その意味がわかってくると、監督の意図が何となく見えてくる。今の選手は、監督が何を言いたいのかをどれぐらい理解できるのかという点はどうなのかな、と就任された当初から思っていました。

岡田監督は、二手三手先を読む〝予言者〟

やっぱり、わからないこともあったと思います。でも、シーズン終了後に、選手たちのコメントを聞いてみると「やっぱり監督はすごい、予言者だ」とみんな言っていて、「二手三手先」のことが実際にそうなるのだと。そして、なぜそうなるのかを選手たちは考えていたようです。

直接あまり会話をしたことがない選手も、監督の言いたいことを考えていた。中野拓夢選手も監督とはあまりしゃべったことはないらしいのですが、シーズン中に取材したら「監督が何を考えているのか、何が言いたいのかをすごく考えながらやっていました」と言っていました。

今の選手たちは、野球を単にやるだけではなく、考える力を持っているのだなと思います。それが監督の意図している、「自分たちで考えながら、頭を働かせて野球をしろ」というところにマッチしているのかもしれないとすごく感じましたね。

ちょっとした変化を指摘してくれる

今の選手たちは、「おじいちゃんみたいな存在だ」と言っていますよね。僕にとっての岡田監督は、厳しいとかそういうイメージはまったくなく、「とにかく野球をめちゃくちゃ知っているかた」。知っていることを選手たちにたくさん還元してくれました。

とにかく、純粋に野球が大好きで、野球ＩＱがめちゃくちゃ高い、本当に「野球の先生」のような感じです。

若い選手たちが「予言者だ」と言っているように、僕が現役だったときも、試合の展開などについてベンチで「こうなるよ」とけっこうおっしゃるんです。実際、そうなったりします。

シーズン中に技術的な指導をされることはほとんどなかったのですが、あるとき打撃ケージで打っていたら、急に声をかけられました。

「お前、気づいているか？　今のままやったら、あと何日か後には調子が落ちていくぞ」

「え、何でですか？」

「今のバッティング、動画で撮ってたやろ。１週間前のバッティングと今のを見比べてみ」

そこでいろいろ見比べてみたら、本当に微妙なところですが、たしかにヒジの角度がちょっとおかしいわけですよ。

試合後、岡田監督のところへ行きました。

「監督、きょう練習のときに言っていたことってこういうことですか」

「おお、気づいたか。今のうちに直さな、調子落ちるぞ」

調子が落ちてきているときに、指摘されるのはありそうなことですよね。でも、その時期の僕は調子がよかったんです。自分ではいい感じと思っているときに言われたから驚きましたね。

こんなふうに、たまに指摘してもらえることが年に2回ぐらいありました。自分では気づいていないことを教えてもらえることで、調子を落とさずにキープすることができます。僕はいろんな監督と接してきましたが、ちょっとした変化に対する岡田監督の「気づき」は、本当にすごい。

ムチャクチャすごい「気づき」と「視野の広さ」

だから、今年の選手たちに対しても、動きの変化、心の変化にも気づいていたと思います。「気づき」は、誰よりも早いのではないでしょうか。とにかく視野も広いので、岡田監督は選手が打撃練習をしているときはケージの後ろからだけではなく、外野の中堅のほうに回って見たり、グラウンドをぐるーっと1周したりする。いろんな角度からいろんな選手を見ているので、そのときにさまざまなことを見つけているのかな。

そういう「気づき」「視野の広さ」は、僕が現役のときから「ムチャクチャすげえな」と思っていました。「本当にちょっとした違いなのに、そんなこと気づく⁉」みたいな感じです。

たまに選手会長として岡田監督に呼ばれたときも、「今、あいつ大丈夫か」と聞かれたことがありました。僕にしてみれば、「何がですか？」みたいな感じだったのですが、「あいつ、ちょっと体調、悪ないか」と。そういうことにも気づくんです。

選手は、たとえばヒザにしても、ちょっとおかしいなということがあっても、それを周りに見せないように練習するわけですが、監督はいち早く気づいている。三手四手、そして五手までもいく「先を読む力」以外にも、「現状を観察する力」や「視野の広さ」はもうピカイチだと思います。阪神の監督を離れて15年、オリックスの監督からは11年のブランクは、まったく感じないですよね。

盗塁王・赤星と岡田監督の信頼関係

阪神は今季で5年連続盗塁数セ・リーグトップ。近本選手は2年連続四度目の盗塁王に輝きました。僕が01〜05年に5年連続で五度盗塁王のタイトルを獲得（セ・リーグ記録）しているので、近本選手はあと一度獲得すれば、同じ五度目となります。

今の選手たちは基本的にサインで走っているほうが多いと思いますが、僕は現役のときに岡田監督から「グリーンライト（ベンチからサインが出ていなくても、行けるタイミングがあれば盗塁してもよいということ）で、もうお前の好きなときに行ってくれ」と言われていました。ただ1つだけ、「行けないときだけ言ってくれ」と。

いつも岡田監督が練習中にパッと近寄ってきて、「きょう、行けるか？」と聞かれるので、「大丈夫です。行きます」と答えると、監督は赤星が走ったという想定でさまざまなことをシミュレーションしながら、サインを考える。

当時は僕が1番、2番は関本賢太郎、もしくは鳥谷敬が打っていて、彼らにも常に「きょうは行くから。監督にも言ってある」というコミュニケーションを取っていました。

逆に、岡田監督に「関本とちょっと話した結果、きょうはたぶん走れないので、監督、仕掛けてください」みたいなことを話したこともあります。そうしたら、「わかったわかった」と。そういうコミュニケーションはすごく取っていました。

僕の場合、盗塁だけではなく、走者として塁に出ているときに「ゴロ・ゴー」なのか「当たり・ゴー」なのかについて、それも僕本人に任せるという感じでした。それはそれで困ったんですけどね。「いや、ちょっとそれは指示を出していただいたほうが……」と（笑）。

監督に任せられているという信頼感と責任感

僕が走者としてアウトになったことはあまりないですが、そうなった場合、マスコミのかたから「赤星選手がアウトになりましたが」と振られると、岡田監督は「赤星がアウトだったら、誰でもセーフにはなれへんやろ」と言ってくれる。

任せている以上、「あれはあかんやろ」ということは絶対言わなかったし、言われたこともありませんでした。だから、監督に任せられているという信頼感と責任感がすごくありました。だからこそ何とか決めなきゃいけない、早いカウントで行かなきゃいけないと常に思っていました。

今年の春先にこの話を聞いたときは、「そんなグリーンライト、お前にしか与えたことないよ」とおっしゃっていたので、それだけ信頼してくれていたんだなとあらためて感じました。

13ゲーム差大逆転の裏側

08年、2位に13ゲーム差をつけて首位を走っているはずが、シーズン終盤に読売ジャイアンツにどんどん追い上げられたときのことでした。最後の巨人3連戦——逆転される3連戦の前だったと思います。

岡田監督がミーティングを開いてくださった。そのときに、「巨人の勢いはすごいし、お前らも苦しんでいるけれど、思いきってやれ」

「お前らはこれからの野球人生が長いんだから、こんなの、負けたら俺が責任を取るんだから思いきってやれよ」

そう言ってくださったんです。結果的に巨人に負けて、首位が入れ替わって逆転された。逆にマジックを点灯させられてしまったのですが、僕ら選手からすると、本当に岡田監督のせいではないとみんな思っていた。

僕らがあまりに不甲斐なくて塁に出られないから、岡田監督もサインの出しようがないし、戦力も08年当時はレギュラーと控えの力に差があった時期だったので、今季のようにレギュラー組がダメなときに控え組を全部総入れ替えして、というわけにもいかない。選手たちはみんな「監督、すみません。僕らのせいで」という思いが強かったんです。

退任されると発表され、僕らもすごく責任を感じていましたし、岡田監督のおかげで05年にリーグ優勝することができた。08年は、もう1回そのチャンスが来たのに、それを生かしきれなかったという思いもすごくありました。岡田監督が辞めるともう決められていたけれど、何かできないかなと思っていたんです。

08年終戦の「異例の胴上げ」

リーグ戦は逆転されて2位となり、クライマックスシリーズ（CS）でも10月20日のファーストステージ第3戦、京セラドームで中日ドラゴンズに敗れてしまいました。

しかし、敗れたのですが、試合直後にお客さんが監督の現役時代の応援歌を大合唱し始めたんです。そして、いわゆる「岡田コール」。この試合が指揮を執るラストゲーム、監督を辞するとわかっていたから、球場全体が「よくやった！　岡田監督‼」みたいな雰囲気に包まれていました。

岡田監督は挨拶が終わったあと、すぐ監督室に戻られていました。僕がすぐ監督室へ向かうと、もうユニフォームを脱いでいる。

「監督、すみません。もう一度、グラウンドに出てきてもらえないですか」

「なんでや」

「僕たちもみんなまだグラウンドで待っていますし、まず何よりファンが待っています」

「もうええて」

「監督、とりあえずユニフォームを着てください。出てきてください」

無理やり僕が引っ張り出して、岡田監督を連れてグラウンドまで戻り、選手みんなで胴上げしました。胴上げなんて、もともと予定していませんでしたが、岡田監督に何かしたい。そういう思いが、あの五度の胴上げになりました。

サトテルには「考えて野球をする」ことを求めた

今年の優勝で、あらためて名将中の名将になられたと思います。岡田監督は、チームを優勝させるために就任されたことももちろん、やはり後継者の育成についてずっと口にされています。

65歳という年齢で再び指揮を執る理由のひとつには、「俺らがやらなきゃいけないことは後継者をつくること」「だから、俺はそんな長くやるつもりはない」と、最初からずっとおっしゃっていました。

球団との具体的な契約はわかりませんが、やっても本当にあと1年か2年なのかもしれないと思っています。その間に、とにかく後継者を育てたいという思いが強いのではないでしょうか。

12球団の監督が若返っているなかで、若い監督の良さもある。金本元監督、矢野前監督は、年齢的に岡田監督よりも10歳くらい若い。少し前まで選手だったかたが監督になると、たとえば選手との距離感が近いなど、もちろん良い面もあります。

一方で、今の若い選手たちにとって、名将といわれるかたと一緒に野球ができるのは、僕もそうでしたが、すごく勉強になることが多い。岡田監督の〝言葉足らずの言葉〟も含め、すごく頭を使って野球をやることが身につきます。選手たちは、監督は何を考えているのか、状況の違いによって何が起こるのか——今年はそういうことをすごく考えていたと思います。

たとえば、佐藤輝明選手が今までそこまで考えてやっていたかといえば、僕が知っている限りでは、本能のままにその場で起きていることに対処してプレーしていたように見えていました。だから、ミスをする。予測していたら、対処できたであろうことがいくつかあったんですよね。

まだ彼は若いから許される部分もあったかもしれないですが、チームの中心にならなければいけない選手。だから、岡田監督は最初のころ、佐藤選手をスタメンから外していたと思うんです。そういうところができるように、と。

近本光司選手、大山悠輔選手、中野拓夢選手は、それができる選手。だから岡田監督は、彼らについて問題点を挙げることはほとんどなかった。考えさせることで成長を促したほうがいい選手に対しては、厳しく接していたのだと思います。

佐藤選手にも、もちろん自分で何とかしなきゃいけないという気持ちもあったでしょうし、岡田監督の考えがシーズン中にだんだん浸透してきて、シーズン後半にあれだけ状態を上げることができた。岡田監督の思いが、彼の成長につながっているでしょうね。

佐藤選手には、岡田監督から厳しい言葉もありました。

「入ってきたときが一番良かったんちゃう?」

「(三塁固定は)きょうの動き見とったらわからへん」

「打てんかったら外すよ。しゃあない」

遠回しに、「今のままじゃダメだぞ」と伝えていた。なかには、1年でわからず、2～3年かかってもわからず、活躍できないまま消えていく選手がいる世界。佐藤選手は1年でわかったわけです。そこに気づけたことが、佐藤選手の成長。野球にどう取り組まなければいけないのかがわかったと思います。

阪神の黄金期は当分続く

日本シリーズは解説者泣かせ、ものすごい日本シリーズでした。メディアのかたから「勝負の分かれ目はどこですか」とよく聞かれるのですが、答えは「ない」です。分かれ目がないから4勝3敗だったのだと思います。

第1戦から8－0、0－8の1勝1敗で始まって、第3戦からは甲子園3連戦で劇的な試合が3つも続きました。第5戦では湯浅投手が2点ビハインドの8回を三者凡退で抑えると、打線が一挙6得点。これで3勝2敗となって、僕は阪神が有利だと思いました。第6戦では、オリックスの先発が初戦で攻略していた山本由伸投手でしたから。

でも、その山本投手に止められた。そうすると第7戦は、第2戦で0－8を喫した宮城大弥投手が先発なので、今度は「オリックスが有利」だと思った人も多かったでしょう。それが、第7戦では宮城投手を攻略した。

メジャーに移籍するスーパーエースが、悪い流れを止めることができるオリックスも強い。一方、第7戦では逆王手をかけられた阪神の選手たちが力を発揮した。すごい日本シリーズです。

視聴率が証明していますよね。序盤は関東の視聴率がなかなか上がらなかったけれど、見る人がだんだん増えてきて、第7戦では関東でも20％近くいきました。関西だと瞬間最高50・0％。この時代にですよ。試合が始まると、大阪と神戸の街の人が減るんですから。車の通りも少なかった。こんな現象は普通は起こらないですよ。

さまざまな経験をされてきた岡田監督が指揮を執られる間、選手たちはいろんなことをたくさん吸収できます。絶対に実になることが多々ある。

そして、今の阪神の選手たちは若い。1軍が強くても、2軍にいる選手が育っていないと黄金期は続かないものですが、阪神には将来が楽しみな選手たちが2軍にいますし、今1軍で活躍している選手もあと3～4年はバリバリできる年齢。

阪神は当分、黄金期が続くでしょう。

（構成／丸井乙生）

第6章

「星野阪神」と「岡田阪神」の共通点とは

田淵幸一 Koichi Tabuchi

1946年9月24日生まれ、東京都出身。法政大学第一高校、法政大学を経て68年にドラフト1位で阪神タイガース入団。79年、西武ライオンズに移籍し、84年に現役引退。新人王、本塁打王1回、ベストナイン5回、ダイヤモンドグラブ賞2回。2002～03年に阪神の打撃コーチに就任し、03年のリーグ優勝に貢献。

両リーグトップの47犠飛〜新しい可能性を示した今季の阪神

今季の阪神タイガースは今までの阪神にはない数字を残し、新しい可能性を示す戦いを見せてくれました。チーム打率は2割5分に満たない2割4分7厘で、1試合平均3・9得点。この数字は安打や本塁打だけではなく、四球や犠打、盗塁や進塁打などを効果的に絡めなければ到達できません。とくに、両リーグトップの47犠飛は、これまでの阪神打線との違いを感じました。

阪神が勝ちきれないときは、犠飛や内野ゴロで1点を取れる場面で得点できず、相手に試合の流れを奪われて負けるケースが少なくありませんでした。適時打ではなくても得点ができる、チームの勝利に貢献できるという意識がチームに浸透していたと感じました。

日本のプロ野球は近年、投手の成績が打者よりも際立つ「投高打低」の傾向が強くなっています。今季はとくに顕著で、パ・リーグの首位打者を獲得したオリックス・バファローズの頓宮裕真選手の打率は3割7厘。セ・パ両リーグを合わせても打率3割を達成した選手は5人しかいませんでした。こうした安打が出にくい状況で、今季の阪神が見せた攻撃、チームとして残した数字は今後のプロ野球で新しいモデルになると思いました。

「星野阪神」と「岡田阪神」に共通点あり

星野仙一監督がチームを指揮し、私が打撃コーチを務めていた２００３年の阪神は、チーム打率２割８分７厘をマークしました。本塁打は今季の84本を大きく上回る１４１本。盗塁もリーグで唯一３桁の１１５個と、今季の阪神より40個近く多かった。

打線の中心に金本知憲選手が座り、首位打者・今岡誠（現・真訪）選手や盗塁王・赤星憲広選手、扇の要でありながら打率３割２分８厘と攻守でチームを引っ張った矢野輝弘（現・燿大）捕手ら、存在感のある選手がたくさんいました。

今季の阪神は、突出した力のある選手がいたというよりも、そつなくプレーできる選手がそろっていた印象です。

チームとしての色には違いを感じたものの、03年と今季の阪神には共通点が多かった。私には、星野監督と岡田彰布監督がダブって見えました。

私が星野監督からコーチに誘われたのは、シーズンオフに入った01年11月でした。星野監督は、01年まで率いていた中日ドラゴンズの退団が決まっていた時期です。名古屋でのゴルフ大会に参加したとき、星野監督のマネジャーから「田淵さん、監督が呼んでいます」と声をかけられました。星野監督のところへ行くと、こう言われたんです。

「ブチ、一緒にやるぞ!」

一緒にゴルフのコースを回ると思った私は、

「きょうはゴルフ日和だからな」

「バカ野郎、縞のユニフォームを一緒に着るんだ!」

阪神とは言わず、「縞」と表現していましたね。もともと大の阪神ファンだった星野監督が、縦縞のユニフォームに憧れていたからだと思います。

私は、「よし、やろう。一蓮托生《いちれんたくしょう》だ」と即断しました。「どうして?」「給料はいくら?」といった質問は一切しませんでした。

同じ東京六大学でしのぎを削っていたころから、星野仙一という男の野球への情熱や人心掌握術に魅了され、同級生ながら尊敬していました。「この男にならー生ついていける」と感じさせる人間でした。

私は大きな体や性格の明るさから誤解されがちですが、表に出るのが好きではありません。キャプテンや監督というよりも、ナンバー2としてトップをサポートする役割が合っています。ダイエーホークス（現・福岡ソフトバンクホークス）で監督を務めたときも、つくづく感じました。星野監督には最高のポジションを任せてもらいました。

就任1年目のキャンプでオーナーに〝お説教〟

星野監督が阪神の監督に就任したのは02年。阪神は前年まで4年連続最下位で、リーグ優勝は1985年から遠ざかっていました。86年から2001年までの期間、Aクラスに入ったのは二度しかありません。暗黒期と呼ばれた時期でした。

星野監督は就任1年目に4位、2年目で優勝したわけですが、真っ先に着手したのがフロントの改革でした。私が阪神OBとして最も変化を感じた部分です。

星野監督就任1年目のキャンプで、忘れられない出来事がありました。当時のオーナー・久万《くま》俊二郎さんがキャンプ地を訪れ、星野監督と会談するところを私は横で聞いていました。すると、星野監督が久万オーナーに〝お説教〟を始めたのです。

「お金の使い方がなっていません。無駄なお金が多すぎます」

星野監督は球団運営のどこに無駄があるのか、どうすれば効果的にお金を使えるのかを久万オーナーに説明しました。監督がオーナーに説教するところを見たのは、長い野球人生であとにも先にも、このときしかありません。

「ここまで言うのか」と思うくらいの内容でしたが、久万オーナーはうなずいて納得されている様子でした。星野監督が抱く阪神への愛情、現状に対する危機感が伝わったのだと思います。お金もうけのために監督を引き受けたわけではなかったですから。

星野監督は球団トップの考え方や方針を変えなければ、低迷するチームは変わらないと考えていました。これは阪神だけではなく、中日と東北楽天ゴールデンイーグルスを指揮したときも同じでした。

「星野阪神」との共通点①　査定改革を要望

チームを変えるという以上に組織を変える。うまくいかなかったら自分が責任を取る覚悟もありました。久万オーナーを説得したあとは、フロント陣の変革です。星野監督は兵庫・芦屋市のフランス料理店にフロント陣全員を招待し、球団改革の必要性を訴えました。

星野監督がフロントに強く要望した内容の1つが、「四球をはじめとする出塁の価値を見直す」ことでした。打率、本塁打、打点と評価がわかりやすい部門で結果を残しやすいクリーンアップと違い、当時の阪神は四球や犠打、進塁打などの査定は低かった。そこで、星野監督は「1番打者や2番打者の出塁は、クリーンアップの打撃と同じくらい価値がある。そこも評価して年俸に反映させなければチームは変わらない」とフロントに改革を求めました。

私は選手として阪神で1969年から10年間プレーしました。そのうち、半分の

5シーズンは2位で、優勝は一度も経験できませんでした。巨人がV9を達成した73年は、あと1勝すれば優勝というところまで迫りながら、2位に終わりました。ツボにはまれば強い一方、細やかさに欠けて大事な試合を落とす阪神のもろさを知っています。優勝すると選手の給料を上げなければいけないから2位で構わないという球団の姿勢も感じていました。その色を変えたのが、星野監督だったと私は思っています。

岡田監督は今季のシーズン開幕直前、フロントに四球の査定を上げるように要望し、ポイントが1・2倍に増えたと聞きました。岡田監督は星野監督のもとで2年間、コーチを務めています。星野監督によってフロントが変わっていく様子を肌で感じていたはずです。「チームを変えるにはトップから」という星野イズムを継承していると感じました。

「星野阪神」との共通点②　スタッフへの配慮と平田ヘッドの存在

球団のトップを変えると同時に、縁の下でチームを支える打撃投手や用具係といった裏方さんへの配慮も、星野監督と岡田監督の共通点です。

星野監督は選手だけではなく裏方さんの情報もよく知っていました。見えないところでの努力をねぎらったり、奥さんの誕生日に花を贈ったり、目配りや気配りを忘れませんでした。

私も、裏方さんの力がチームの優勝に不可欠だと考えていました。コーチとしての最初の仕事は、裏方さんの本音を知ること。全員を部屋に集めて、「思っていることを何でも遠慮なく話してほしい。無礼講だから」と伝えたこともあります。勝てないチームでは当然、いろんな不満が出てきます。ただ、根底にあったのは「優勝したい。ビールかけをしたい」という気持ち。私は裏方さんの思いを星野監督に届けました。

岡田監督は、選手として優勝した85年に選手会長を務めています。シーズン中には裏方さんを食事に連れていき、シーズンオフには裏方さんの給与アップをフロントに直訴したそうです。優勝旅行は裏方さんの家族も無料で招待した。その姿勢は指導者になってからも変わっていません。今季も、岡田監督は打撃投手やスコアラーら裏方さんの力を高く評価しています。その心配りやフロントに対する交渉力は星野監督と通じるところがありますね。

裏方さんの大切さを理解しているのは、岡田監督を支えた平田勝男ヘッドコーチも同じでしょう。星野監督と同じ明治大学出身の平田ヘッドは2002年、星野監督に指名されて監督の専属広報としてマネジャーのような役割を担いました。

実はそのとき、平田ヘッドは阪神の2軍のコーチ就任が決まっていたそうです。球団から電話がかかってきて「星野監督が専属広報にしたいと言っているから了承してくれ」と頼まれ、急きょ担当変更となりました。

平田ヘッドは四六時中、星野監督と行動をともにしていました。選手の力だけでは優勝できないこと、そのためにコーチが求められる役割を学んだはずです。2学年先輩で年齢が近い岡田監督とも、良い関係を築いているように見えます。

コーチは、監督が選手に直接言いにくいことを伝える役目もあります。明るくて人当たりが柔らかい平田ヘッドは、そういう面でも適任だったと思います。

監督とコーチの関係性は特殊な部分があります。何でも話せる親密さが必要である一方、一定の距離感も大事になります。

私は阪神のユニフォームを一緒に着るまで、同級生の星野監督を「仙ちゃん」と呼んでいました。でも、監督とコーチの間柄になってからは、グラウンドを離れても、ずっと「監督」でした。

18年1月4日に星野監督が亡くなって、お棺を見たときに、ようやく「仙ちゃん」と声をかけました。08年の北京五輪で星野監督が日本代表を指揮したときも、コーチだった私は「監督」と呼んでいました。私たち2人と同級生で仲が良く、コーチを務めていた山本浩二は「仙、仙」と言っていましたが(笑)。

日の丸を背負ったヤクルト・宮本慎也選手には「田淵さんは、同級生でも星野さんを監督と呼ぶのですね」と言われました。阪神でも日本代表でも一緒に行動するときは、星野監督の前を歩くこともなかったです。コーチは監督をサポートする立場ですから。星野監督は忘れ物や落とし物をするから、後ろを歩いたほうが良いという部分もありましたけどね。財布だけは大事にしまって落とさなかったなあ(笑)。

メディアを通しての叱咤《しった》激励は選手を委縮させないため

選手に対するアメとムチの使い分け、それからメディアを使うまさも星野監督と岡田監督の共通点。星野監督は選手に強い言葉を飛ばす際、メディアを通していました。どんな発言をすれば大きく取り上げられるのか、すべて計算しています。

星野監督のようなタイプの指揮官が面と向かって厳しく指摘すれば、選手は委縮したり、落ち込んだりする可能性がある。ワンクッション挟んで間接的に選手へ知らせることで、柔らかく伝わります。そして、アフターケアも忘れません。短い言葉で直接、選手への期待を伝えます。結果を出した選手は年俸が上がるようにフロントに掛け合い、グラウンド外では選手の奥さんやお子さんの誕生日にプレゼントを贈る気配り。勝ちたい気持ちを感じさせる選手には、ミスしても次のチャンスを与えるところも星野監督の特徴でした。

今季の岡田監督を見ていると、メディアを介して選手にメッセージを伝えているケースが少なくありませんでした。あえて試合後の会見で多くを語らず、選手に奮起を促すこともありました。ただ、決して選手を冷たく引き離すわけではありません。

阪神の監督に復帰したのが15年ぶりということもあり、選手とのコミュニケーションが増えたと岡田監督自身が語っていますし、選手やコーチからも同様の声が聞こえてきます。調子が上がらず2軍に落ちた時期もあった青柳晃洋投手や西勇輝投手がシーズン終盤に復活できたのは、岡田監督との信頼関係があったからだと思います。

岡田監督がリーグ優勝を決めた際のインタビューで、「最初は西と青柳でいっぱい勝てると思っていたんですけど、なかなか勝てませんでしたね」と話し、ベンチにいた2人に向けて「ちゃんと帽子を取っておいて」とほほ笑みながら声をかけたところは印象的でした。笑顔で帽子を取って応える青柳投手を、岡田監督は「さすが、勝負の8月からは2人とも帳尻を合わせてくれた」とねぎらいました。

やはり、監督やコーチが果たす一番の役割は、選手のモチベーションを上げて気持ち良くプレーしてもらうことだとあらためて思いました。

監督の気持ちが伝わった選手には、「監督のために」という気持ちが芽生えます。

星野監督には厳しさがありましたが、理不尽なことは言わなかったので、選手がついてきます。中日時代にとくに厳しく指導された中村武志捕手は、いまだに「今の自分があるのは星野監督のおかげ」と話しています。嫌いな監督に対しては、現役を引退してまで「監督のおかげ」と感謝はしませんからね。

中日でも阪神でも星野監督のもとでプレーした阪神の矢野燿大前監督は、「一番厳しくて、一番優しい監督」と表現しています。05年のリーグ優勝を決めた試合でサヨナラ安打を放った赤星憲広選手と星野監督が抱き合っていたのは、監督と選手の関係が見える象徴的なシーンでしたね。

私も阪神から移籍した西武ライオンズ時代、当時監督だった広岡達朗さんによく怒られていました。最初は「冷酷な人だなあ」と思っていましたが、厳しい言葉は期待の裏返しで、言われていることがわかるようになりました。

広岡さんのもとで日本一を二度経験させてもらい、広岡さんの指導は私の野球人生で財産になっています。今でも広岡さんの誕生日2月9日には毎年、お祝いの電話をしています。人間は感情の生き物。選手の気持ちを理解して、どのような言葉をかけ、どんな行動を取るのか。そこが監督の手腕だと思います。

「星野阪神」との共通点③　投手を中心とした緻密な野球

03年の星野監督と今季の岡田監督のチームづくりや采配も似ています。闘将と呼ばれた星野監督ですが、投手を中心にした緻密な野球を特徴としています。攻撃では四球や犠打、進塁打を重要視していました。なかでも、選手に口うるさく言っていたのが一塁走者のリードです。一歩でも二歩でもリードを大きく取れば、打球が外野の間を抜けたときに一塁から一気に本塁へ還ってくることができます。リードが小さい走者には、ベンチから「お前、もっとリードせんか!」と怒鳴っていましたね。適時打や本塁打のように派手なプレーではなく、細かいところをどれだけ徹底できるかでチームの勝敗は左右されるという考え方でした。

基本に忠実で細かい野球をするため、代打、代走、守備固めといった控えの選手たちは、自分が起用されるタイミングを把握していました。どの選手にも役割があり、ベンチ全員が試合に集中していましたね。今季の阪神にも同じ雰囲気を感じました。

守りからチームをつくり、選手の守備位置や打順を固定した戦い方も星野監督と岡田監督は同じでした。岡田監督は今季、一塁手の大山悠輔選手と三塁手の佐藤輝明選手を動かしませんでした。そして、中野拓夢選手を二塁手へコンバートし、木浪聖也選手との二遊間を固めました。打順も大山選手を4番に固定し、木浪選手は打撃好調の時期でも8番から変更しませんでした。

リーグ3連覇を成し遂げたオリックスの中嶋聡監督のように、選手の調子や相手投手との兼ね合いで選手を入れ替えて打線を組み替える戦略もひとつの選択肢ですが、選手は打順や守備位置が固定されると安心感を持つ。

私も捕手のほかに一塁や外野を経験しましたが、普段と違うポジションに就くと必要以上にいろんなことを考えてしまいます。

岡田阪神は「バランスが100点」

阪神が05年以来、18年ぶりの優勝を果たすことができたのは、岡田監督の考え方をチームで共有した結果だと思います。特定の選手が優勝の立役者となったチームではなかった。ただ、キャプテンの大山選手が中心だったことは間違いありません。派手さはなかったかもしれませんが、1年間4番に座ってリーグ6位の打率2割8分8厘。リーグトップの99四球で最高出塁率のタイトルを獲得した成績は立派。そして、黙々と人一倍練習し、試合では一塁まで全力疾走するなど野球に取り組む姿勢はチームの手本となり、大山選手に周りの選手がついていきました。

もうひとつ大きかったのは、坂本誠志郎捕手の存在です。シーズンを通じて1軍の戦力となり、とくに梅野隆太郎捕手がケガで離脱した終盤はチームに不可欠な選手となりました。キャッチングやインサイドワークといった守備力に関しては、私は12球団ナンバーワンの捕手だと思っています。どんな場面でも一歩引いて試合全体や打者を見ることができる冷静さがあり、若手が多い投手陣の持ち味をうまく引き出していました。

主力のケガ人が少なく、新戦力も存在感を見せました。プロ1年目の森下翔太選手は打率2割3分7厘と数字自体には物足りなさを感じるかもしれませんが、失敗を恐れない積極性はほかの選手に良い影響を与えたと思います。1年目からあれだけ思い切りの良いスイングをするのは難しいですし、何かやってくれるという期待感を抱かせてくれる。

さらに、プロ2年間で2試合しか登板していなかった村上頌樹投手と、福岡ソフトバンクホークスから現役ドラフトで移籍してきた大竹耕太郎投手が2桁勝利。昨季は阪神の1軍で登板していない2人が先発ローテーションに定着しました。

チームは投手と野手、どちらか一方だけが優れていても優勝するのは難しい。今季の阪神は全体のバランスが100点でしたね。今季最長となる11連勝で優勝を決め、リーグを独走しました。03年も夏場に大型連勝しました。疲れがたまって一番しんどい夏から秋にかけて勝てるのはチーム力が高い証拠です。

星野監督を彷彿《ほうふつ》とさせる人心掌握術と円熟味が増した采配

03年と今季の違いを挙げると、選手の構成があります。今季は20代の若手が中心だったのに対し、03年は実績のある中堅やベテランがチームの軸でした。星野監督は阪神の監督に就任してから、FAやトレードでチームに足りない部分を強化しました。打者では金本選手や片岡篤史選手、投手では伊良部秀輝投手や下柳剛投手を獲得しました。

なかでも、金本選手の加入は阪神が変わる大きなきっかけになったと感じています。当時、金本選手のほかに補強選手の候補にペタジーニ選手と中村紀洋選手が挙がっていました。星野監督は自費でトレーニング器具を購入し、シーズンオフの過ごし方も妥協しない金本選手を「動く教科書」と評価。いつでも全力プレーを欠かさない姿が阪神を変えると考え、「どうしても必要」と繰り返していました。

広島市出身で地元・広島カープへの愛着も強い金本選手を口説き落とすため、断られても何度も何度も電話して「お前なしでシーズンを戦うことはできない」と説得したそうです。阪神への移籍を決めた金本選手に、春季キャンプで「よく来てくれたな」と声をかけたら、「星野監督に脅されて入団しました」と笑っていました。

感情表現も2人は対照的です。岡田監督は激高したり、派手なガッツポーズをしたりしません。今季は試合中に穏やかにほほ笑む場面が目立ちました。

一方の星野監督は喜怒哀楽を前面に出します。ベンチのイスを蹴って怒りを爆発させるので、甲子園のベンチはいすが壊れないように素材が変わりました。ただ、星野監督は選手に対して怒っているわけではない。うまく采配できない自分に怒りをぶつけていたのです。ベンチ内には常に緊張感がありましたが、当時の選手たちは星野監督の性格を理解し、気持ちを読み取ってプレーする力がありました。

岡田監督も05年に阪神をリーグ優勝へ導いた当時は、ベンチでピリピリしていたといろんなところで聞きます。今季はミスが起きても次に切り替えるよう選手に促し、以前とは言動が変わったそうです。

来季は67歳シーズン。12球団の監督の大半が40代と若返っているなかで最年長です。星野監督を彷彿とさせる人心掌握術に円熟味が増した采配。主力が移籍する可能性が低く、投打で選手層の厚い阪神は来季も優勝候補の筆頭といえるでしょう。球団初の連覇と阪神の黄金時代到来を期待しています。

（構成／間 淳）

第7章

岡田監督誕生の舞台裏と「アレ」が生まれた真相

2023年1月、監督就任の挨拶のためデイリースポーツを訪れた岡田彰布氏（右）と筆者。

改発博明 **Hiroaki Kaihatsu**

1957年1月16日生まれ、兵庫県出身。大阪芸術大学卒。80年、デイリースポーツ入社。84年から虎番記者。報道部長、編集局長を経て、2016年からデイリースポーツ代表取締役社長、神戸新聞社取締役。23年2月に社長を退任、現在はデイリースポーツ特別顧問。著書に『岡田の決断 岡田彰布という男』（神戸新聞総合出版センター）などがある。

日本一の神采配

岡田彰布は阪神タイガースでは初めて、選手でも監督でも、日本一になった。「当時は27歳ですか……。長かった。本当に幸せです」。65歳の岡田監督は試合後、しみじみと振り返った。感謝の言葉を何度も繰り返した。

「オリックスは強かった」。正直な思いだ。最後の戦いには、青柳を先発させた。「開幕も青柳。最後も青柳」と本人を監督室に呼んで、直接伝えた。胴上げ投手は岩崎。岡田監督らしいこだわりが、日本一を決める試合に表れた。

日本シリーズでの岡田采配は、すごみを増した。象徴的だったのは第4戦。岡田監督の真骨頂だった。8対0、0対8と大味になった1、2戦目。3戦目は4対5で敗れて、負けられない第4戦に切り札を使った。

「ピッチャー湯浅」。同点の8回2死一、三塁。場内アナウンスに甲子園球場が揺れた。6月15日、オリックス戦で打たれ脇腹を故障し、以後の1軍登板はなかった。抑えで期待されながら、ペナントレースではまったく役割を果たせなかった。「難しいと思っていたよ」と、岡田監督は開幕前に想定していた。WBCメンバーに選ばれたことで、阪神の抑えとしての調整ができなかった。

春のキャンプ段階で、岡田監督の危機管理センサーは働いた。「だから岩崎を用意させたんよ」と抑えに備えた。さすがにその段階では、湯浅が日本シリーズの切り札になるところまでは予測できなかった。

「湯浅にかけた。だれの頭にもない湯浅なら、球場の雰囲気を変えられる。試合の流れをつかめる」。試合後の岡田監督のインタビュー。珍しく声が震えていた。

その通りになった。湯浅の復活。わずか1球が、大山のサヨナラ勝利を呼んだ。ピュアで真っすぐ。激情が表に出る。打たれたときに、帽子をたたきつけて批判の声も出た。湯浅は何を言われても、自分の姿勢を変えなかった。だからこそ選手にもファンにも応援された。

湯浅とは対照的にもう1つ、この試合で岡田采配は勝負手を打っている。7回途中、投手交代のタイミングで三塁の佐藤を糸原に代えた。「短期決戦やから」と説明したものの、2試合連続の3三振、守備でもミスした。

岡田監督の選手起用は「選手はみんな見ている。見ている選手が納得する使い方」

が原則だ。個性や特徴は尊重する。人気選手とかスター選手とか、えこひいきはしない。

代えた糸原が、難しいゴロを本塁アウトにし、ヒットも打った。佐藤のままなら……。佐藤を優等生に育てようとは思わない。「それぞれの選手が自分の役割を果たしてくれた」と岡田監督は勝因を説明した。

2軍監督時代、1軍監督の野村監督から言われた。「プロでは短所を直さないと1軍では使えない」。岡田監督の考えは逆だった。「プロでは長所を伸ばさないと、試合では使えない」。その思いは今も変わらない。

それぞれが役割を果たした

「1年間の集大成」。岡田監督は最終戦をそう表現した。4戦目で変えた流れは5戦目につながった。8回、再び湯浅を投げさせた。森下が奇跡のような逆転打を生み出した。岡田監督の目が赤くなった。涙ではない。ただただうれしかった。

「それぞれが役目を果たした」。〝それぞれ〟の代表には糸原、坂本がいる。レギュラー格だった糸原を、代打に専念させた。出番が減っても糸原は、懸命さを失わなかった。5戦目、6戦目、7戦目と糸原の存在感が光った。

捕手の開幕レギュラーは梅野だった。死球の骨折で、坂本に出番が回ってきた。坂本は小さく構えて時には片ヒザを落とし、ピンポイントのリードをする。体を動かさず手首を固定したまま、ミットの角度でストライクゾーンをつくる。

派手さはない。目立たない動きを黙々と続けた。投手の信頼を集めた。打席でもしぶとく球にくらいつく。影のヒーローの存在を岡田監督は「それぞれが、それぞれの働き」という表現に込めた。

今年は2005年とは別人だった

岡田彰布監督は05年以来、18年ぶりのリーグ優勝を果たした。同じ岡田監督が、同じ岡田野球でセ・リーグを制したように見える。だが岡田彰布という人物は、05年とはまったくの別人だった。

陽子夫人はだれよりも、岡田監督の素顔を知っている。05年には夫のことを「サムライのような人」と表現した。ベンチでは表情を変えない。喜怒哀楽を見せない。「つまらない」と評したマスコミに対して陽子夫人は、「サムライは決して、戦う相手の前で顔色は変えない」と反発した。

23年は違った。「いいおじいちゃんです。孫とデレデレになって遊ぶじいじです」と表現した。若きサムライはおじいちゃんサムライになっていた。

当たり前と言えばその通り。前回阪神監督に就任した04年は47歳。今回は65歳。18年の時が流れている。47歳は働き盛りではあるが、何事にも力任せにぶつかっていった。

筋の通らないことは許さない。スコアラー、トレーナー、広報担当。チーム内のミスも、厳しく指摘した。言っていることは間違いないのだが、あまりにも逃げ道がない。

正義感が強過ぎて、教えたり育てたりする余裕がなかった。相手、場面に関係なくぶつかった。軽く受け流したり、よしよしと受け止める度量がなかった。

今回の監督要請で、岡田監督自身が驚いたことがある。12球団の監督で最年長。

それはわかっていた。ところが、阪神の歴代監督で、監督就任時の最年長であると知った。

「ええっと思ったわ。野村監督が阪神に来たときのほうが年下（64歳）なんてなあ。あのとき、えらいおじいさんが来たなあと思ったのに……。杖代わりの椅子を持って、ブルペンで座っていたもんなあ。いまはおれのほうが年上なんよなあ」

08年に阪神の監督を一度退いてから15年。自分でも驚くほどの変化があった。「サムライ」は、寄れば斬るというすごみを常に漂わせていた。マスコミ、ファン、選手、そしてフロントに。常にピリピリとした空気を漂わせた。

選手の使い方や調子など、記者に質問されると「なんでお前らに作戦言わなあかんのや」と露骨に無視した。今回のように投手のローテや代打の使い方を、とうとうとしゃべるなど、考えられなかった。

当時4番だった濱中治が不調になると、極秘で特打させた。「そんなもんお前ら（記者）に言うたら、対戦相手に4番打者が調子悪いと知らせるようなもんやろ」と質問にも答えなかった。今回は3番の森下が打てなくなると、「突貫工事や」と笑いながらマスコミの前で指導した。

以前は「おれの周りで走るな。走ると何かあったと知らせるようなもんや」と広報担当を怒鳴りつけ、毎年のように担当者を代えた。ミーティングに入って来たフロント幹部に、「現場のことに口出すな。出て行け」と大声で言ったこともある。

08年の北京五輪では、4番打者の新井が星野ジャパンに加わった。大会後に故障が発覚し、阪神で復帰できなかったことが優勝を逃す結果につながった。「お前らどう責任をとるんや」と、トレーナーの管理不足を指摘した。球団内だけではない。客席のファンとにらみ合い、怒鳴りつけたことも何度かある。

岡田監督誕生の舞台裏

「監督にとっての最大のファンサービスは、試合に勝つことや。なんでそれ以外のサービスをせなあかんのや」とファンのイベントに合わせて、シーズン中にユニフォームを代えることも嫌がった。勝負の世界に、私情を持ち込まなかった。

今回は2人の孫をベンチに座らせて、選手と会わせた。「小学生やけど、2人とも野球やっとるわ。青柳の投球フォームが格好いいとか言うて真似しとるわ」と苦笑いする。まさに、いいおじいちゃんでしかない。

陽子夫人が解説する。

「いろんな意味で今回の監督要請は、最高のタイミングでした。ずっとユニフォームを着て、野球の世界しか知らなかった。それが10年以上、現場から離れたことで、それまでできなかったことができた。家庭でも孫と遊ぶ時間も取れて、テーマパークとかいろんなところにも行けました。野球も外から見ることで、おれならこうするとか、力まずにイメージするようになって、機が熟したところで今回、お話を頂いた。ちょうどまた野球だけに、集中できる環境になっていたんです」

今回の優勝への道には、いくつかの「奇跡」が重なっている。「奇跡」の中身は順に紐解《ひもと》いていくが、最大のものは再び岡田監督が誕生した、そのことにある。

前任の矢野燿大監督は22年シーズンの始まるキャンプ初日に「今季限りの退任」を自ら発表し、選手にも伝えた。是非は置くとして、慌てたのがフロントだった。今季限りで矢野監督は辞める。当然ながら「次は誰だ」という声が出る。

夏場に球団フロントは1つの答えを出していた。「平田勝男2軍監督を、1軍監督に昇格させる」という案だった。フロントは岡田監督を怖がっていた。また恐怖政治が始まる。フロントにとっては最もやりにくい監督だ。その点、平田監督ならこれほど、やりやすい監督はいない。

「平田監督案」は阪神電鉄幹部に伝えられた。さらに阪急阪神ホールディングスの角和夫会長の耳にも入る。ところが平田監督案には最も大切な視点が欠けていた。

角会長が指摘した。「平田監督で優勝できるのか」。球団幹部に打ち返された。平田監督なら優しい人柄と、だれとでもうまくやれる外交的な性格で、球団運営は円滑にできるだろう。だが「優勝できるか」と問われると、残念ながら即答できない。いわゆる勝負師のタイプではない。

角会長の頭に「岡田監督」があるのは明白だった。いくつかの条件がそろっていた。早稲田大学の後輩。阪急と阪神が合併し17年が過ぎた。「タイガースには口出ししない」という阪急側の「不文律」も解けていた。

何より05年の岡田監督以降、真弓、和田、金本、矢野と誰も優勝できない。一方で観客動員は悪くない。球団経営の視点でいえばフロントは間違っていない。優勝より安定した運営を選ぶようになっていた。

「そやろ、球団の体質は何も変わってないんや」と岡田自身が、一番感じていたことだ。もちろん球団が一度は、平田監督案で一致していたことも知っている。

「鶴の一声」で、最終的には岡田監督で固まった。フロントに残された難題は、平田2軍監督の処遇だ。一度は1軍監督に推した以上、手のひら返しではあまりに手前勝手になる。岡田政権でも、1軍のヘッドコーチで残したい。

岡田彰布氏に監督要請すると同時に、平田ヘッドのコーチ人事も申し入れた。「おれが平田ヘッドでええよと返事したんよ。どれだけ球団幹部がホッとしていたか」と苦笑いしながら岡田監督は振り返った。

筋だけにこだわって対立するよりも、我慢して丸く収めることで発展させる。岡田監督の変化に、だれよりも驚いたのが球団側だろう。

「それがええと思うわ。いろいろと腹の立つこともあるやろうけど、今回はグラウンドの中だけに集中したらええやん。監督1人ですべてを変えようとするより、まずチームが勝つことやで」とわたしが伝えると、岡田監督は軽くうなずいた。

息抜きはサスペンス劇場

就任直後の22年11月、秋季キャンプに参加していた岡田監督を安芸に訪ねた。百北幸司球団社長も交えて会食した。わたしが「どう? キャンプ地の設備とか、フロントに何か注文はないの?」とあえて聞いてみた。

「ホテルのテレビがなあ、チャンネルが少なくてサスペンスが見られへんのよ。何とかしてほしいわ」と岡田監督が球団社長を笑わせた。テレビでサスペンス劇場を見るのが大好き。息抜きの時間だ。

自宅では衛星放送などでいろんな番組が見られる。一緒に見ている陽子夫人が「犯人がわかった」と言うと、「言うな」と怒鳴りつけるほど熱心だ。

「渡瀬恒彦がええなあ。ほんまにうまいで。淡路島は近本や村上より、渡瀬恒彦よ」と真面目な顔で言う。岡田監督が見せるなごみの顔だ。サスペンス劇場とナンプレ。

「脳を使えば頭は大きくなる」という持論がある。脳を使うことが好きだ。競馬の検討も本気でやる。

ギャンブルだけでなく、じゃんけんでも必勝法を持っている。「力の入る場面では、人はこぶしを握り締める。余裕があるときは手を広げる」というのが岡田のじゃんけん法則だ。

監督として現場に戻ると頭は大きくなる。「帽子のサイズが変わるもんなあ」と言う。安芸の秋季キャンプから沖縄の春季キャンプと、たしかに岡田監督の脳はフル回転した。

「常に失敗を前提にする」のが岡田采配。エース格の青柳、西勇の出遅れは、沖縄で予測していた。抑えの湯浅の調子が上がらないのも計算していた。

「湯浅なんて去年は中継ぎだけで抑えはやってない。それがWBCに選ばれておかしくなった。おれは一度も日本のボールで練習しているのを見たことないよ」。秋も春も、キャンプではずっとWBCの国際球でピッチングした。

「それでいきなり日本の開幕から抑えなんて、おれは最初から計算してなかった。青柳、西勇もキャンプ段階でしんどいなあと感じた。だからその分、新しい投手を見てたんや」

岡田監督の読みが村上、大竹、桐敷といった新戦力を発掘した。抑えには岩崎を絶対的な戦力にした。試合中も、代打を使うときには打てない、投手を代えれば打たれるのを前提に、二手、三手先を読む。

「うまくいけば何もせんでええんやから。失敗したときどうするかが采配よ。だからいつも、最悪のときどうするかしか考えてないよ」

練習で選手の調子を見極めるのは当然。相手の練習、グラウンド状態まで見る。「甲子園でも芝目やラインがあるんよ」とゴルフ場のように、ノックバットで芝をたたきながら外野を歩く。相手、日程、天気、風、グラウンド、選手の調子。すべてを読み切ってスタメンを決める。

岡田監督は予言者

守りで勝った試合は多い。岡田監督の意識が、選手に伝わった。セ・リーグで最も多く四球を選び、最も少ない四球しか与えなかった。併殺数は最も少なく、取った併殺数は最も多い。

「岡田監督は予言者」という選手まで現れた。技術だけではない。沖縄キャンプの2月。わたしは岡田監督の口から、意外な言葉を聞いた。

「外から見ていたときはわからんかったけど、なんか木浪いうのは選手の間で人気があるんよな。人望いうんか、木浪が活躍したらみんなが喜ぶんよ」。その時点では大した意味があるとは思わなかった。

キャンプ段階で、遊撃から二塁に中野をコンバートすることは決めていた。遊撃は木浪ではなく小幡が有力だった。いずれも守備力を重視してのこと。遊撃では小幡の強肩が大きな武器だった。開幕スタメンも小幡だった。しかし、シーズンを通して、結果的には木浪が最大のキーになった。

岡田監督は8番遊撃に木浪を固定した。広島とのCSでは木浪がMVPになった。キャンプから岡田監督は木浪の持つ野球技術以外の魅力を見抜いていた。選手間の人望を信頼した岡田監督によって、木浪は技術面でも大きく飛躍した。

「優勝」に飢えていたのは選手も同じだ。真弓、和田と調整型の監督が続いた。金本はトレーニングや成長にこだわった。矢野に至っては「勝つことより、自分たちの野球、楽しむ野球」とまで言い切った。

勝敗とは関係なく、本塁打に首輪を掛け、ヒットにベンチ全員がガッツポーズ。いずれの監督も勝負にこだわり、優勝だけを目指す采配をするタイプではなかった。岡田監督は優勝とは言わず「アレ」と表現した。選手たちは岡田監督の言う通りにすれば「アレ」にたどり着くと感じた。若い選手には新鮮だった。キャンプから岡田の教えは、まるで乾いた大地に沁み込む水のように吸収された。

若い芽吹きは、目に見えて成長を続けた。「勝つためには安打数より出塁率やろ」と岡田監督は言った。それだけで選手は理解した。ボール球に手を出さず、四球で塁に出る。すべての選手が自分の役割を理解した。

意味のない本塁打首輪や、お祭り騒ぎのためのガッツポーズは監督が何も言わなくても消えた。シーズン終盤には四球にガッツポーズし、ベンチも盛り上がった。チームとして勝つための意識が芽生えたことが、岡田監督の手応えだった。

「アレ」は自分に向けた表現

なぜ優勝が「アレ」になったのか。わたしは、実はこの言い換えは岡田監督が自身に言い聞かせていたと思う。

「優勝」をだれよりも意識したことで、前回は極端な戦いぶりになった。試合相手はまだしも、審判やマスコミ、フロント、自分の周りすべてに対立軸をつくった。10年から3年間のオリックス監督時代も含め、相手ベンチとは必要以上ににらみ合った。球場に怒声が飛び交い、つかみ合いにもなった。

「優勝」じゃない。「アレ」やん。今回の岡田監督はそうすることで、深呼吸した。23年も二塁盗塁でのプレーで、審判のジャッジに異を唱えた。だが、怒鳴り散らすのではなく冷静に、球団から連盟に申し入れて改善された。

梅野の骨折など、相手監督にも抗議した。だが、いずれも年下の監督が相手。格上の貫禄で三浦監督や高津監督からは謝罪があった。

三浦監督の実家は大阪・玉造にある。紙加工の工場をしていた岡田監督の実家とは目と鼻の先だ。学生時代から岡田監督を応援する「岡田会」には、三浦一家も加わっていた。

新井監督は前回監督のときの4番打者。評論家としても先輩だ。12球団の監督に対してはすべて、ライバルと言うよりは「先輩」としての存在感があった。

優勝ではなく「アレ」と呼び、繰り返したのは「普通にやるだけ」という言葉。いずれも前回の反省も含めて、自分に言い聞かせている。辞任の引き金にもなった08年の巨人との大逆転劇。普通にやれなかった悔いがある。

今回は自然に貫禄と余裕を見せた。新井監督がCS前に「高校野球のつもりで甲子園に乗り込む。無茶苦茶にやります」と宣言した。「そら受けて立つよ。けど高校野球って、甲子園に金属バットを持ち込んだらあかんよ」と軽く受け流した。

もともと人前で話すことはあまり得意ではなかった。それが10年以上の評論家生活で、岡田節が身に付いた。放送、講演会、イベントなどの場では、素直に感じたことを口にした。

歯に衣着《きぬ》せぬ物言いは、ときに「タイガースに対して辛辣《しんらつ》」と言われもした。それでも揺るがなかった。「ほんまのこと言うてるだけやん。おれはタイガースに媚《こ》びることなんかないもん」と胸を張った。次第に受け入れられた。「優勝するためには、岡田さんにもう一度監督してもらおう」という声に変わった。

岡田節でいい。飾らず、自然のままに振る舞おう。「自然と違うで。意識してそうしとるんやんか」と本人は笑っていた。

リーグ優勝のビールかけで、「わたしが主役」とたすきをかけてはしゃぐミエセスに、「ミエちゃん、あんたが主役と違うで」と笑わせた。岡田節はジョークもさえた。

沖縄キャンプで優勝を確信

わたしは23年2月にデイリースポーツ社長の役職を降りた。岡田監督には、早くからデイリーでの異動を伝えていた。「ええやん。しばらくゆっくりしたら」と言ってくれた。

同じ1957年生まれ。わたしが1月で岡田監督は11月だから、学年は岡田監督が1つ下になる。66歳と65歳。岡田監督の同級生や周りの人たちも、仕事の第一線を退き始めている。そんな年齢で岡田監督は、新たなチャレンジをした。

「ことし、優勝やな。今年やで、チャンスは」

開幕前の2月、沖縄・宜野座キャンプで会食したとき、わたしはそう声をかけた。

「キャンプで最初のボール回しを見たとき、優勝を確信した。シートノックが終わったら観客から拍手が起こった。あんなん初めて見た。びしっと引き締まった空気が、球場全体に伝わった。緊張感と一体感、戦う姿勢と集中力、岡田監督の存在がすべてを変えた。ことし優勝する。『アレ』とは今季のことやろ」

「そやろ。そうやん。そんなん見たらわかることやんか」

岡田監督は自信を持って何度もうなずいた。

今季の岡田監督はいい顔をしていた。試合中に何度もベンチの岡田監督がアップになる。

笑う、首を振る、見詰める、つぶやく、声を出す、話し掛ける、手を叩く、帽子を取る、頭をなでる。すべて自然な動きだ。

前回はグラウンド以外の何かと戦かっていた。

その1つは星野仙一さんの影だろう。2003年の劇的な優勝と派手なパフォーマンス。引き継いだのは完成された大人のチームとスタッフ。土台をつくったと野村克也さんの名前まで出てきた。阪神出身監督としての思い、意のままにできない岡田野球、複雑な立ち位置のまま5年間が過ぎた。

残念なことに、2人とも故人となられた。星野さんも野村さんもこの世にいない。岡田監督自身には、今さらそんな意識はないだろう。「今回のほうが楽しい」「普通にやるだけや」。短い言葉に思いを込めた。

岡田采配に影響を与えた1985年の吉田采配

岡田監督に「尊敬する監督は?」と聞くと3人の名前を挙げる。早大時代の石山健一監督、阪神の吉田義男監督、そしてオリックス・仰木彬監督。尊敬する理由はそれぞれ別にある。

阪神監督としての采配で、最も影響を受けているのは吉田監督だ。日本一になった85年の吉田采配が、選手会長だった岡田の体に流れている。

85年2月5日。阪神タイガースの安芸キャンプは、最初の休日を迎えていた。春の海が輝いている。市営球場から遠く見下ろすと、太平洋の水平線が広がる。マウンドの吉田監督が、大きなソフトボールでぽんぽんとグラブをたたいた。捕手は土井淳、一塁に並木輝男、二塁に一枝修平、遊撃は米田哲也、そして三塁には中村勝広。外野には上田次郎、若生智男、石井晶がいる。かつての名選手、タイガースのコーチ陣が並んだ。

吉田監督の発案だった。キャンプ休日に首脳陣とトラ番記者が、親睦のゴルフコンペをすることは、それまでにもあった。ゴルフをしない記者は参加できない。吉田監督が気にしていた。

「一丸がテーマでっせ。シーズン中もずっと一緒のトラ番には、とくに支えてもらわんとあきまへん。野球やと危ないからソフトボール大会がよろしいなあ。どうせ球場には休みの選手、誰も出て来まへんわ」

当時の吉田監督は口下手だった。饒舌《じょうぜつ》な一枝修平コーチが、トラ番とのパイプ役になった。お家芸ともいわれたフロントと監督、首脳陣、そして選手との軋轢《あつれき》。マスコミとのぎくしゃくした関係も一因だった。村山派、吉田派、といわれた時代。トラ番までもが両派に分かれて、トラブルに油を注いだ。

散歩に来ていた岡田が観客席にいた。「代打、渡真利」。岡田の大声が、ほかに観客のいない球場に響いた。隣に座っていた渡真利克則が、戸惑いながら立ち上がった。選手会長の指名とあれば、断ることもできない。トラ番投手のへなへな球に、一塁ファウルフライ。球場中に笑い声が広がった。

このときの岡田、渡真利コンビが8カ月後の10月16日、神宮球場で奇跡の瞬間を演じることになるとは知る由もない。

ソフトボール大会の後はカラオケ大会。「足、あし、あしぃー」。マイクを持った吉田監督が叫んで、場を沸かせた。グラウンドで朝から晩まで叫び続ける得意のセリフだ。

守備への持論は足を動かすこと。グラブだけでさばくのではなく、足を使って正面に入る。岡田監督はシーズン中に何度か「守りよ。そら、守り勝ちよな」と言った。そのルーツは吉田監督にある。

内野守備へのこだわりは阪神の伝統

85年の安芸キャンプ。午後になると二塁に固定した岡田と遊撃平田のコンビが、サブグラウンドで来る日も来る日もゲッツーの守備練習を繰り返した。一枝コーチのノックが延々と続いた。キャンプが終わるころには吉田監督に「岡田のピボットプレー（併殺からの送球）は日本一です」と言わせた。

タイガース伝統の内野守備。遊撃吉田、三塁三宅、二塁鎌田は巨人の長嶋、広岡、黒江、土井にすら一目置かせた。捕るが早いか投げるが早いか。「今牛若丸」といわれた吉田の守備。早すぎて、一塁遠井がベースに入れない。

「ほんまです。よっさんがおもしろがってどんどん早く投げてきよる。しまいにわしは最初から一塁ベースに着いてましたわ」と遠井本人から聞いたことがある。

吉田が直接一塁に投げず一度、二塁の鎌田に投げてから一塁に転送したというタイガース伝説。「ああ、ありましたなあ。二塁に走者がいてちょろちょろするから、ゴロ捕ったよっさんに、こっちゃ言うて投げさせたんや。それからでも打者は楽々アウトにできた」と鎌田は言っていた。

鎌田もまた、バックハンドトスを日本球界で初めて成功させた名手として知られた。近鉄に移籍すると「遊撃手がついていけない」という理由で、バックハンドを封印された。

「鎌田も早かった。競争ですわ。意地になって早ようにベースに入る。鎌田がいたから吉田がいた。吉田がいたから鎌田がいた、よう言われましたけど、その通りですわ」

吉田のこだわりは岡田、平田に引き継がれた。

甲子園の初回、85年当時は一塁ベンチから守備位置に向かった。投手以外だれ1人、内野の黒土を踏まなかった。黒光りする土に足跡はつけない。ファウルゾーンから遠回りし、守備位置に向かう。甲子園に対する畏敬の念。阪神の伝統だ。

金本がFAで阪神に来たとき、黒土のど真ん中を歩いた。マウンドの横から左翼まで1本の足跡が残った。今は試合開始前に選手は右翼付近で体を動かす。自然に黒土を踏まずに守備位置へと向かう。

三宅、吉田、鎌田、遠井から掛布、平田、岡田、バースに。そしていま佐藤、木浪、中野、大山へと伝統は引き継がれる。日本一の甲子園には、日本一の内野守備が似合う。内野が締まれば、外野にも伝わる。

「打者は打つときもあれば打てないときもある。投手も抑えるときも打たれるときもある。けど守りは違うやろ。投手を含めた守りを当たり前にやれば、試合が崩れることはないよ」。だから岡田は守備にこだわる。

選手へのアドバイスは単純明快

今季の岡田監督は、選手を直接指導することが珍しくなかった。2005年の優勝時には、ほとんど選手との会話もしなかった。

「選手と話すと、周りがみんな見ている。自分には教えてくれないのかと焼きもちを焼く選手がいる」という考え方だった。だが今回はそんなこだわりは捨てた。

「選手とこんだけ年が離れていれば、もうそんなん関係ないわな。森下とか、ほんま今の子やわ。あっさりしとるし、言われることが新鮮なんやろなあ。いいと思えば受け入れるし、あかんかったらあっさり切り替えるし。それでええやろ」

岡田監督が森下を評した「今の子」という表現。岡田監督の感じる「今の子」とは、どういうイメージなのか。

恐れを知らず物おじしない、マイペースで大胆、こだわらず、あっさり切り替える、練習熱心で真面目、いい子である。

帽子の被り方は、ツバを真横に真っすぐ広げて、頭に乗せる。球界全体で増えてきたスタイルだろう。悪いとかいいとか、指摘することもない。

監督から選手への指示、アドバイスは単純明快に。脳の指令で体が反応する。理屈ではなく方法。どうすればいいのかが指導の鉄則だ。岡田監督の言葉で佐藤は生き返った。

「右方向のファウルを打て」。それだけを言った。振り遅れたファウルが、レフト方向にばかり飛ぶ。結果より、まずタイミングをつかむために、ライト方向へのファウルを打て。途端に、強い打球が右に飛び始めた。

独特の浜風が、甲子園では左打者に襲い掛かる。ライト方向の打球は押し戻される。だからといって押し込むようなスイングでは、レフトに飛んでも本塁打にはならない。振り切ったスイングで、打球を左方向に運ぶ。

1985年の4番・掛布は「流し打ち」という表現を嫌がった。「レフトに飛んだから流した、ではない。左方向に引っ張っているんだよ」。甲子園の浜風とけんかしない打ち方だ。

85年のクリーンアップは、三塁・一枝コーチのサインを見なかった。何も出ない。一枝コーチは「お好きにどうぞ」と両手を差し出すだけ。サインはただ1つ。「ホームラン」だった。

佐藤には正直、手を焼いた場面もあった。野球は教えられても、日常のしつけまではできない。打てないのは仕方ない。それ以外に問題があった。

調子を落とした夏前にはスタメンから外した。途端に佐藤が守備練習などで無気力に見える態度をとった。周りの選手も、佐藤はすねていると感じる。そのままにはできない。チーム全体に悪影響を及ぼす。

岡田監督は2軍に落とすことを決断した。

高校、大学と「お山の大将」でやってきた。岡田監督以外、佐藤に厳しく接した指導者はいない。「野球の技術以外のことやからな。これはおれが言うことじゃない」と平田ヘッドコーチに伝えた。

フロントの要請でヘッドに残した平田コーチだが、ここでは、ならではの出番になった。笑顔と人柄、独特の話術で選手とのパイプ役はうってつけだ。平田コーチがなぜ2軍に行くのかの心得を、佐藤に伝えた。

「周りの選手がみんな見ているんだぞ。打てるか打てないかじゃない。野球以外の態度、行動を見られているんだ。そのことを考えてファームで練習をしてこい」

佐藤の練習に取り組む姿勢が変化した。真っ黒になって守備にも気持ちを込めた。ベンチで声を出した。常に全力疾走をした。

「アレ」の元祖は吉田義男監督

岡田監督は「優勝」と言わずに「アレ」と言った。オリックス監督時代に、交流戦で優勝を意識した選手が硬くならないように、ともっともらしい説がある。本当は担当記者がびびって「ここまで来たら……」とだけ聞いた。岡田監督が「そら、あれよ」と答えた。

元祖は吉田監督だ。吉田監督も「優勝」とは言わなかった。「チーム一丸」「土台づくり」「一蓮托生」「挑戦者」。単純なフレーズを繰り返した。

「たしかに吉田さんが元祖かもしれん。優勝スピーチでも、うちは挑戦者です、言うてた。おれも周りがおもしろがるからアレと言うとるけど、監督がずっと優勝と言わんのも、おかしくないか」。岡田監督も元祖吉田を認めている。

佐藤のわがままは許さなかったが、選手の個性や特徴は尊重する。これは吉田監督ともう1人、オリックス仰木監督の影響も大きい。

「現役の最後はプレーよりも、若い選手を見てやってくれと、指導者の道を開いてくれた。毎試合、メンバー替えるんやけど、それがはまるのが不思議やった。おれにはあんなことはできない」

日本シリーズで対戦したオリックス・中島監督は日替わりスタメンで、まさに仰木マジックを引き継いでいる。スタメンの決め方は違うが、選手の個性を生かすという点では岡田監督も、仰木マジックから学んだ。

近鉄時代は野茂のトルネード投法を認め、オリックスではイチローの振り子打法を好きにさせた。それよりまず、鈴木一郎を「イチロー」と命名したことが、世界に羽ばたかせるきっかけとなった。

個人で応援される選手を育てる

有働「わたし、新聞購読を電子版に切り替えているんですけど、デイリースポーツだけは紙で取っています。何せ阪神に関する報道姿勢がすばらしい。監督の口ぐせの、おーんまで正確に記事にしています（笑い）」

『文芸春秋』2023年6月号に、有働由美子さんと岡田監督の対談が掲載された。開幕直前にリモートの対面で行われた。

対談のなかで岡田監督が強調したのは、個人として応援される選手を育てること。チームとして勝つことは言うまでもないが、あまりにも勝敗だけに偏重していないか。チームは負けたけど、あの選手が打ってくれたというファンをつくりたい。

1985年の掛布、岡田、真弓はそうだった。「バースは応援されんでも打ったけど」と笑わせながら、85年のように個人が応援されるチームが強い、というのが持論だ。仲良しグループである必要はない。

「85年はみんな、グラウンドでしか顔合わさんかった。球場離れたら、お互い何をしているか知らん。掛布さんや真弓さんとも、個人的に食事に行ったことは、一度もなかった」

それぞれが打撃投手ら裏方さんを連れて食事に行った。福岡遠征では、博多のホテルで用意された食事会場に来たのは、吉田監督と一枝コーチだけだった。

「ホテルの人に叱られたわ。何十人分余ると思っているんですか。食べないなら最初にそう言ってくださいって」

それでも首脳陣は、選手に何も言わなかった。吉田監督は選手を大人扱いした。

個性の強い選手同士がぶつかることもあった。オフの選手会懇親会。有馬温泉の夜に、浴衣姿で会話が熱を帯びた。あるベテランの抑え投手が「野球は1人で勝てる」と言い出した。

掛布が「じゃあ三塁の打球は、一切捕りません。どうぞ1人で勝ったらええでしょ」。凍り付いた場の空気を選手会長の岡田が取りなした。「ほんま、あのときはびっくりしたわ」と後日、岡田が漏らしていた。

84年までのキャンプは、安芸市内の旅館で雑魚寝をしていた。二階の屋根上に増築した部屋は、体重制限した。底が抜けるからだ。目の前が海で毎朝、強制的に体操した。太平洋からの寒風に、風邪をひく選手がいた。マネジャーが門限を見張り、選手は非常口からこっそり出入りした。

吉田監督は宿舎を、隣町のリゾートホテルに替えた。ベテラン選手は個室にし、門限や休日の行動は選手に任せた。掛布や岡田はお好み焼き屋に、最初からポンとお金を渡す。「だれが来ても好きなだけ食べさせて」。台風被害で店が傾いたとき、岡田は寄付金を渡した。

岡田監督も2004年は、選手を大人扱いした。星野遺産の金本、伊良部、下柳、赤星、矢野。そうするしかなかった。だが、今回は違う。最年長が32歳の梅野。選手任せの大人扱いはまだできない。

佐藤のホームラン。大山の存在感。近本の計算されたプレー。投手も含めて、個々に応援したい選手はいる。「これからほんまに怖いのはＤｅＮＡやで」と岡田監督は来季に向けて言う。横浜にはたしかに個性的な選手が多い。個人レベルで魅力のある選手を育てる。岡田監督がこだわる個性を認める采配の先にこそ「アレ」があった。

「おーん」とは言っていない?

わたしには岡田監督の「おーん」が「おーん」と聞こえたことはない。あいさつや、自分への相づち、接続詞であって、単に「おお」と言っているだけだ。ところが若い記者には「おーん」と聞こえるらしく、監督も笑ってそのままにしている。

岡田監督が律儀なのは、携帯を鳴らすとすぐに出ること。出られないときは必ず折り返してきて、「おお、ごめんごめん、運転中やった」などと、なぜ取れなかったかを言う。岡田監督ならではの危機管理でもある。緊急事態の連絡に備える。悪い知らせほど電光石火で対応する。

前回監督のオフにはゴルフのラウンド中に、人事に関する連絡が入った。岡田監督は次のショットを打たず、フェアウエーからそのままカートでクラブハウスに向かった。対応のため球団事務所に車を走らせた。

今シーズン中も何度か電話を入れた。留守電。「ただいま電話に出られません。ご用の方はメッセージを……」。決まり文句を機械的な音声ではなく、自分の声で吹き込んでいるのも、らしい。

「急ぎじゃないんで……」とメッセージを入れると、終わる前に呼び出しが鳴った。「おお、ごめんごめん。運転中やったから。あー、裏道で止めたから大丈夫や」。お互い65歳を過ぎた。聞くのはいつも、チームの調子より監督の体調だ。

「びっくりしたわ。寝てたら夜中に足がつってなあ。人工芝がこたえるわ。おれが練習しとるわけでもないのに」と、開幕直後は甲子園以外の人工芝球場の負担にぼやいていた。

「やっと慣れてきたわ。ペースというかな。野球の生活から長いこと離れてたからなあ。甲子園のときは自分で運転していくし、寄り道する元気もないわ。ナイターのあとはしんどいしなあ」

「それでええやん」とわたしは答えた。以前ならナイターのあとでも朝まで平気で飲んだ。年を取ったから、体力が落ちたから、だけではない。精神的なゆとり、余裕、選手たちとの年齢差。65を超えればわかる人生の構え方がある。

故・横田慎太郎選手の追悼試合

28歳か……。若い、若過ぎるよなあ……。阪神監督として岡田は、独り言のようにつぶやくのが精いっぱいだった。

23年7月25日。甲子園球場の監督室で、横田真之さん、まなみさん夫妻に会った。7月18日に脳腫瘍で亡くなった元阪神・横田慎太郎選手の追悼試合。阪神対巨人の試合前に両親と顔を合わせた。お悔やみの言葉以上に、軽々しく語る言葉がない。父・真之さんはロッテの外野手だった。試合などで顔を合わせたこともある。

横田選手の阪神在籍中は、岡田自身は球団を離れていた。もちろん存在は知っている。引退試合での「奇跡のバックホーム」の映像は、何度も目にしたし話も聞いている。

脳腫瘍の後遺症で球が見えない。19年9月26日、鳴尾浜球場でのウエスタン、阪神対ソフトバンク戦が引退試合になった。センターの守備に入った横田。見えないはずの打球を捕り、本塁に投げた。ノーバウンドのストライク送球で、本塁タッチアウト――。「野球の神様が見ていてくれた」と横田は涙ながらに言った。

両親を前にした岡田には、タイガースの選手だからということ以上に、子を亡くした父への思いが胸に迫る。

半旗を掲げた追悼試合。監督としてできることをやろう。同期入団の捕手・梅野に加えて岩貞、岩崎の投手リレーで試合に勝つ。横田が見ている天国に、監督として届けられる試合をすることしかない。

4番・大山に打たせたい。試合中にベンチでアドバイスした。「左肩の開きが早いぞ」。うなずいた大山は6回、エース菅野から左翼席へ逆転2ランを放った。ベンチに帰ると、ヘルメットを天に向けて高々と掲げた。

岩貞から岩崎へと投手交代を告げた。最後の打者を打ち取って、岩崎はウイニングボールを手にした。梅野、大山、佐藤、中野……。チームメートに囲まれたマウンドで、岩崎が左手のボールを天に向けて捧げた。

「横田慎太郎」と書かれたタオルを観客が掲げた。背番号「24」のユニフォームが観客席を包み込む。だれもが泣いていた。

横田の真っすぐな野球への姿勢。選手たちは「今、僕たちが野球をできているのは、決して当たり前のことではない」という言葉を口にした。思いのこもったウイニングボールは、岡田から両親の手に届けられた。

岡田自身、選手時代の1986年に父勇郎さんを亡くしている。母サカヨさんが「2人は一卵性父子」と評したくらい行動を共にした。「すべて親父の言う通りの野球生活だった」と振り返るくらい野球一筋の人生、そして大好きな阪神タイガースへの道を示してくれた父だった。

人の死や生き方を比べたりはできない。ただ、何かの大きな力が人に影響を与え、気持ちを動かし心を1つにすることがある。プロ野球の勝敗には、そんな「何かの力」が働く。阪神が日本一になった85年、岡田は選手会長として「何かの力」を感じた。

38年前も働いた何かの力

85年8月12日、悪夢のような日航機墜落事故が起こった。阪神タイガースは、事故機に搭乗していた球団社長の中埜肇を失った。真っ黒に焦げたネクタイに付いたタイガースマークのピンで、最期が確認されるという悲しい出来事だった。

「どうしていいのかわからなかった。誰も経験したことのないことです。突然、リーダーを失った。しばらく何も考えられませんでした」と当時の吉田義男監督は振り返る。

チームや選手を包み込むタイプで、タイガース愛にあふれる球団社長だった。直前の博多遠征にも顔を出し、試合後には「お疲れさん」とベンチ裏で1人1人を握手で迎えた。長身で白髪、温厚な笑顔をだれもが思い出した。日航機事故の翌日からチームは巨人、広島と続く遠征で6連敗した。首位にいたチームはあっという間に3位に落ちた。

岡田選手会長が動いた。岡田が呼びかけて、掛布、真弓、川藤、そしてバースが応じた。広島の宿舎で全選手が集まった。みんなが思いを口にした。「ウイニングボールを中埜社長の霊前に届けよう。おれたちにできることを、全力でやろうじゃないか」。岡田の声に「よしっ」「おう、やろう」と涙の誓いが広がった。阪神タイガースは1つになった。

10月16日。優勝が決まる。試合前のミーティングで岡田が言った。

「中埜社長との約束を果たす日が来た。ウイニングボールを絶対になくしてはいけない。どういう終わり方になるか、だれがボールを手にするかわからない。必ずボールをユニフォームのポケットに入れるんだ。それを確認してから胴上げやぞ。絶対ボールを失くすなよ」

神宮は厳戒態勢だった。観客がなだれ込まないように、外野席の前5列にはガードマンを立たせて、客が入れないようにした。どんな混乱状態になるか、だれも予測できなかった。優勝の瞬間が近づくと、観客席の阪神ファンは涙を流していた。神宮の杜には、歓声ではなく嗚咽《おえつ》が広がった。

マウンドの中西が、角の緩いゴロを捕った。とんとんと右足でステップして一塁に投げた。一塁手はバースではなく渡真利だった。試合途中に代走で代わった。がっちりつかんだ瞬間、マウンドに駆け寄る選手の輪ができた。

渡真利はゆっくりとウイニングボールを右の後ろポケットに入れた。ユニフォームのおしりを押さえながら、やや遅れてマウンドに駆け出した。

21年間、阪神の選手はだれも胴上げの経験がない。慣れていないから、空中の吉田監督が何度も落とされそうになった。「まるで大阪名物のお好み焼きのように吉田監督が裏返っています」と、どこかのアナウンサーが絶叫した。

岡田は渡真利が大切なボールを持っていることを確認した。選手全員がサインして後日、ウイニングボールは中埜の霊前に届けられた。吉田監督と選手会長の岡田が、遺影に手を合わせた。

「約束を果たせました。ありがとうございました。安らかにお眠りください」

阪神タイガースを史上初めての日本一に導いたウイニングボールは今、甲子園球場の歴史博物館に置かれている。

言葉を大切に

甲子園の試合が終わると、秒読みとともにヒーロー選手が登場する。華やかなLED照明に、選手の笑顔が浮かび上がる。遠征先でも原則、ヒーローインタビューが流される。

岡田監督もまた、勝ち試合はすべてインタビューに答える。

阪神選手のヒーローインタビューは、プレーの成長とともに日増しに良くなった。お立ち台で「最高でえすー」と何の意味もないセリフを大声で叫ぶことが、少なくなった。

巨人の選手が始めたのだろうけど、わたしには「○○の1つ覚え」にしか聞こえない。無意味、無感動。何も伝わらない。バカにするなよと言いたくなる。

驚いたことに「まず決めぜりふを」と、あえて言わそうとするインタビュアーもいた。スポーツアナとして恥ずかしくないのか。その選手だけの思いやプレーの裏側を、いかに聞き出すのかが腕の見せどころだろう。

気の利いたことが言えなくても構わない。言葉を間違えても、学んでいけばいい。

誠実に一生懸命に話せば伝わる。WBCでの大谷の言葉は、選手、チーム、日本代表の枠をも飛び越えて、世界中に広がった。

シーズン中には言葉を操る天才・上岡龍太郎さんの訃報も伝わった。「そんなもん、知るも知らんも……」。岡田監督も親しくしていた。「わたしが阪神タイガースの陰のオーナー・上岡龍太郎です」を枕詞《まくらことば》にしていた時期もあった。

「タイガースは生え抜きの選手に冷たい」が口ぐせで、村山、江夏、田淵への対応に不満を漏らし、掛布の退団後、背番号31を巨人から来た広沢克実に付けさせたことで「もうオーナーは辞めます」と宣言した。

阪神という球団ではなく、阪神で育った選手に愛情を注いだ。もちろん岡田彰布も例外ではない。監督として再び指揮を執り、優勝したことを喜んでいるのは間違いない。

岡田監督はまだ売れる前のさんま、紳助といった上岡さんを慕う若手芸人たちを「おれが面倒見てたんやん」と笑いながら、選手時代の付き合いを振り返ったことがある。上岡さんとは何度かゴルフもしている。

監督就任で失ったゴルフ熱

「えらいもんやなあ。途端にゴルフの興味がなくなってしもうたわ」。岡田監督が漏らしたのは今回、阪神監督就任が決まった直後のことだった。岡田監督にとって最上位の「勝負」は阪神監督としてのもので、ゴルフは遊びでしかない。

わたしが岡田監督とゴルフのラウンドをした回数は、40年近くで数百回以上だろう。ゴルフは性格が出る。岡田監督は……。負けず嫌いなのは言うまでもないが、わたしと組んで一番怒るのは、意図のないプレーをしたときだ。

岡田監督のゴルフは飛距離、小技すべてに本気でやればシングル級の腕前だ。とくにパットにはこだわる。トゥ（先端）を立て、ソフトに当てる。早いラインに乗せて転がして入れる。突っ立ってゴツンと打つわたしのパットを見て、「何しとんのん？」とあきれている。

あまりにもパットが入らないと、「もういらん」とパターを投げ捨てる。吉田監督は短いパットを外すと、グリーンの上でも文字通り地団太《じだんだ》を踏むが……。バーディーを入れにいくか刻むか、相手の状況次第で岡田監督は狙いを明確にする。

ゲッツーかバックホームかと同じ。どこからでもピンだけを狙って池に落とし、3パットを繰り返すわたしに、「別に入れろと言うてないやん。頭使えよ」と不機嫌になる。

吉田監督には「惜しい」と声をかけると、「ゴルフに惜しいは、いりまへん」と言われる。わたしの腕と頭をチョンと指して、「あんたのゴルフはここやのうて、ここが悪い」と言われたこともある。

岡田監督はユニフォームを着ていないときには毎月、コンペに参加していた。沖縄ではスコアに納得できず、ラウンド後に「次や。キャディーさん、隣のゴルフ場まで行って」とそのままカートで別のゴルフ場に行った。

それほど好きだったゴルフも、ユニフォームを着れば興味がなくなる。「野球」で頭の中はいっぱいだ。

岡田さんは好きだけど阪神は好きじゃない

交流戦の最後、日本ハム・新庄剛志監督は阪神ベンチに向かって右手を挙げた。「ありがとうございました」と頭を下げた。3試合を終えて「楽しかった」と答えている。

日本ハムの監督になった直後、わたしは名護のキャンプを訪ねた。当時はデイリーの評論家だった岡田監督とは、前日まで一緒だった。「新庄監督の顔見てくるわ」と伝えると「よろしく言うといて」と言われたので、そのまま新庄監督に伝言した。

「ええっ、ほんまですか？　ぼく、岡田さん大好きなんです。ネットでいつも解説をチェックしています。おもしろいですね」と目を輝かせた。今季もまた同様に「岡田監督の采配を勉強させてもらっています」とあくまで、一目も二目も置いていた。

バラエティ番組で「40年間、菓子パンだけを主食にしている」と言って周りを笑わせた。本当だ。阪神の選手のときから、キャンプ中も球場に用意された菓子パンをホテルに持って帰って食べていた。なぜ菓子パンであのバキバキの体ができるのか。

名護の新庄監督と、そんな雑談をした。最後に「野球を盛り上げるのはええことや。阪神もよろしく頼むで」と言って、切り上げようとした。

「いや、待ってください」とわたしを引き留めた。「ぼくは阪神のこと、あまり好きじゃないんです」。なぜかわざわざ、新庄監督はそう言った。

「新庄なあ……」。岡田監督は多くを語らない。

岡田選手には何ひとつかなわなかった原選手

今季の阪神は、対巨人戦18勝6敗1分けと歴史に残る数字で圧勝した。原監督は辞任し、阿部監督にバトンを渡した。ある意味、最後のシーズンで岡田阪神に引導を渡されたことを、納得しているように見えた。

開幕前、NHKの企画でセ・リーグの全監督が対談した。司会が早大4年の岡田と、東海大3年の原が大学日本代表でクリーンアップを組んだと振った。3番サード原、4番ショート岡田。「いやそら原がサードしかできない言うから、しゃあないやん」と岡田監督が言った。

原監督は「その通りです。わたしは何ひとつ、岡田さんにはかなわなかった」と言った。

走攻守、4番打者、リーダーシップまで含めて何ひとつ……。プロ野球監督として対戦する立場でいながら、40年以上前のプレーヤーとしての感想とはいえ、これほど完敗を口にするとは。

岡田監督は「そらそうよ」という顔で平然としていた。

同じグラウンドで練習すれば、どちらが上かは選手が一番よくわかる。岡田理論を証明する瞬間だった。何ひとつ……。開幕前の巨人監督が、阪神監督に対して漏らした言葉。答えは開幕前に出ていたのかもしれない。

新井監督は最敬礼し、三浦監督は「今回の岡田監督誕生を一番喜んでいるのは、わたしの父親です」とまで言った。三浦監督の父は、岡田監督の実家近くで花屋さんを営んでいる。「岡田会」の一員だ。

監督の言葉は、選手に大きな影響を与える。

2005年、リーグ優勝した岡田阪神は、日本シリーズでロッテに4連敗した。完敗と言うしかない。日程、ロッテの下剋上、制度の問題など、いろいろ敗因が指摘された。

岡田監督からは評論家時代に思わぬ「敗因」を聞いた。

「クリーンアップにいた選手が何人か、おれのとこに来て言うんよなあ。あのときはすみませんでしたって」

日本シリーズの直前に、ある選手がバレンタイン監督から「怪しい飲み物」を渡されたと言う。「これを飲めば、ボールが大きく見える。絶対打てるから」と言われて……。「本当に打席では、阪神の投手の球がソフトボールくらいの大きさに見えたんです」。だから簡単に打てた。

もちろんこれは「バレンタインマジック」だ。怪しい飲み物とは、実は単なる栄養ドリンクのようなもの。違法な薬物などではない。それでも渡された選手は、バレンタインの言葉で魔法にかかってしまった。

「道一筋」が「球道一筋」となる日

岡田監督はサインを求められると必ず「道一筋」と書き加える。04年、初めて阪神監督となったときから、自らの監督人生を「道一筋」という言葉に託した。座右の銘は二代目ミスタータ・タイガースの村山実から学んだ。

「村山さんのサインが大阪の実家に飾ってあった。そこに『球道一筋』という文字が添えられていた。居間と言うんか、毎日見えるとこにあったから。子供のころからずっと、球道一筋という言葉が頭の中にあった」

負けず嫌いで、だれよりも阪神を愛した。通算２２２勝。「球道一筋」と呼ぶにふさわしい野球人生だった。父・勇郎が親しくしていたことで、引退試合では岡田少年がキャッチボールの相手をした。

「村山さんの言葉を使わせてもらった。そのままでは失礼なので、球を外して『道一筋』とした。球には王の字がある。監督となって最初から王という言葉を使うのはおこがましい。あくまで王の道を求めるという姿勢でいたい」

監督としての頂点を迎えたときに初めて、「道一筋」という言葉に球の字を添える。「道一筋」を「球道一筋」と書ける日を目指して、岡田彰布の阪神監督人生は始まった。一筋の道をたどる阪神監督としての旅。岡田と村山。最大の共通点は、阪神タイガースへの愛だろう。

38年ぶりに監督として果たした日本一。「道一筋」が「球道一筋」になるのか。まだゴールではない。岡田彰布の監督人生はまだ続く。選手は若い。「まだまだ強くなるよ」。これからも「頂点」を目指す戦いがある。

近本光司はイチロータイプ

やれることをやる。簡単そうだが、なかなかできない。やれることをやらない人がいる。やれないことをやろうとして、勝手に落ち込むタイプもいる。左手首の骨折。梅野の死球は、自分でどうにかできたアクシデントではない。同じことが近本にもいえる。

近本は2週間で試合に出た。梅野も日本シリーズにはベンチ入りした。近本は骨折の死球を、振り返ることも反省することもないと、あえてやり過ごした。「いい休養でした」とコメントしたところに、近本のすごみを感じた。今までにないタイプの野球選手だ。冷静沈着で淡々としているように見える。当たり前のようにコメントする頭の良さがある。冷めてはいない。熱血漢でもあるから、体を張ったプレーを惜しまない。

「イチロータイプかなあ」と岡田監督に言うと、うんうんとうなずいた。「盗塁のスタートは、100パーセントでないと切らない」と岡田監督は表現する。イチロータイプというのはあくまで野球のスタイルで、性格や生き方はまったく違う。

2人に共通する野球スタイルは、几帳面《きちょうめん》ですべてのプレーを想定しながら動くこと。イチローは「投手の攻め方の基本は内角高めの速い球と、外角低めに落ちる球」と言う。その上で「内角は最悪でもレフト前に落とすヒットにできる。だから打席で意識するのは外に落ちる球だけ」と言う。

近本もその域に近づいている。ヒットでいいならいつでも打てる……。グラウンドで起こることを想定内にするために、計算されたルーティンを曲げない。

近本に「足が速くて軽快に動くには、ストッキングを見せるスタイルがいいのでは」と聞いたことがある。「いや僕はスライディングしたときに、スパイクに土が入るのが嫌なんです。だから上着もベルトを隠すように着ています」。ユニフォームのなかに入った土がざらついて気色悪い。几帳面な近本ならではのこだわりだ。

日本シリーズMVP。マウンドから最も遠いセンターから、胴上げの輪にゆっくり歩いて行った。「僕が一番長く観客席からの歓声を聞いていた」と近本らしい表現をした。

特別好みではないパインアメ

タイガースの監督は、一挙手一投足が大きな影響を与える。ネット時代になってなおさら、何げない言動が拡散してしまう。「あんなん、よう知らんよ」と苦笑いするしかない。

デイリーの1面。ベンチでパインの形をしたアメを、口にする写真が大きく掲載された。岡田監督がこのアメを、特段好んでいたという記憶はわたしにはない。

以前の阪神ベンチには、大きな缶に入ったのどアメが置かれていた。選手は好きなときに手を突っ込んで、口に放り込んだ。「コロナ禍よ。いまは個包装してないとあかんからなあ」。岡田監督の言う理由で袋に入ったパイン形になった。

「山ほど送ってきたよ。新聞が製品名を書くと、ものすごい宣伝になってしまうからなあ。おれはそんなつもりはないし、何でも不用意に言われへんやん」

ほかの理由も重なって実際、一部ではこのアメが売り切れたとか、ネットで話題になっている。特定の商品を宣伝するような使われ方は、岡田監督の意思ではない。愛煙家だ。試合中もベンチ裏で一服することもある。のどがカラカラになるのでアメを口に入れる。

カラオケでマイクを握ると十八番《おはこ》は『白いブランコ』(ビリー・バンバン)、『街の灯り』(堺正章)で、澄んだ高音がフォーク系の曲を歌い上げる。「何言うてんの、カラオケの点数が出やすいから選んでるだけやん。フォークに特別の思い入れはないわ」と岡田監督の行動にはいつも、裏付けがある。

おめでとう、そしてありがとう

岡田彰布監督は、世界一の阪神タイガースファンだ。人目もはばからず泣いたことが、これまでに二度ある。一度目は阪神での現役引退、甲子園での最後の試合だ。二度目は前回の阪神監督最終戦、プレーオフで敗れた京セラドームだった。

いずれも心残りがあった。完全燃焼できなかった。阪神タイガースへの思いが、ずっと消えることはなかった。

23年、タイガースのユニフォームで宙を舞いながら岡田監督は、誰よりも阪神タイガースの優勝を喜んだ。38年ぶりの日本一。「二度目の胴上げで、みんながうまくなっていた」と笑わせた。

悔し涙ではなくうれし涙は、人前ではなく1人になってから、そっとぬぐったことだろう。

岡田監督に送る言葉は「おめでとう」がふさわしい。そして「ありがとう」を付け加えたい。トラ番記者として最初に2人だけで話したのは1984年、北陸遠征に向かう特急「雷鳥」の食堂車だった。本人は覚えていないだろうが、入団前に小津正次郎球団社長から「三塁を確約する」と言われたとか、秘話も明かしてくれた。

年が近いこともあって、その後も人生の節目には必ず岡田監督の存在があった。2016年にデイリーの社長になったときも、一番喜んでくれた。「改発さんが社長やで」とほんまにうれしそうに、岡田さんがあちこちで言っていたと聞かされた。

長男の陽集さんの結婚式に、わたしを招待してくれた。本人中心の集まりで、父の岡田監督は野球関係者らには声をかけていない。「改発さんだけ呼ぶから」と親族席に座らせてもらった。喜怒哀楽は自分から、大げさに見せようとはしない。どこかから必ず、優しさが伝わってくる。

ユニフォームを脱いでいた期間は、行く先々で「阪神の監督してください」と声をかけられていた。「そんなん、おれに言われてもなあ」といつも苦笑いしていた。真弓、和田、金本、矢野と阪神の監督は世代交代した。65歳になった岡田監督が再び監督になるのは正直、もう難しいかもとわたしは感じていた。

いくつかのタイミングが重なった。決定的だったのは阪急阪神ホールディング・角和夫会長だ。早大の先輩で、ずっと岡田監督を気にかけていた。ノーベル賞の本《ほん》庶佑《じょたすく》先生の存在も大きい。

「ノーベル賞のときに乗せられて、タイガースへのアドバイスはと問われて、監督を代えることと言ったら違う人になってしまった。岡田さんにという意味だったのに」と本人の口から聞いた。吉田義男さんも含めたゴルフ仲間で、今回の岡田監督誕生につながった。

「角会長は岡田さんの著書を読んで、これはもう一度阪神の監督をやってもらわないといけないと、決めていた」と球団関係者から聞いた。宝島社からも『金本・阪神猛虎復活の処方箋』『プロ野球構造改革論』の新書が出ている。

いずれも再建させたい阪神への熱い思いが流れている。岡田彰布著とある。わたしも編集の手伝いをさせてもらった。この本が角会長に、今回の岡田監督誕生を決意させた要因の1つだとすれば、わたしも微力ながら優勝を裏で支えたことになる。

岡田監督とは家族ぐるみの付き合いだった。お互いの自宅にも行き来した。陽集さんとわたしの娘たちで遊園地に行ったこともある。みんなで焼き肉も食べた。娘のバイト先の居酒屋に、足を運んでくれたこともあった。

わたしは4年半前に、61歳の妻をがんで亡くした。真っ先に岡田監督に知らせた。「えっ……」と絶句したままだった。何かと心配してくれた。ゴルフクラブを握る気もなくなったわたしを、あえてラウンドに誘ってくれた。「ちょっとでも元気出してくれればなあ」と周りに漏らしていた。

岡田阪神が日本一になった。「おめでとう、そしてありがとう」と伝えたい。

●staff
編集=宮下雅子、池畑成功
帯デザイン=池上幸一
帯&本文写真=共同通信社
本文DTP=山本秀一+深雪（G-clef）
編集協力=株式会社アンサンヒーロー
協力=宝塚ホテル

※本書掲載のデータは、一部を除き、2023年11月10日現在のものです。

宝島社新書

岡田タイガース最強の秘密

（おかだたいがーすさいきょうのひみつ）

2023年12月22日　第1刷発行

著　者　吉田義男、田淵幸一、江本孟紀、
掛布雅之、金村 曉、
赤星憲広、改発博明

発行人　蓮見清一

発行所　株式会社　宝島社

〒102-8388 東京都千代田区一番町25番地
電話：営業 03(3234)4621
編集 03(3239)0927
https://tkj.jp

印刷・製本　中央精版印刷株式会社

Printed in Japan
ISBN 978-4-299-04951-3